이야기처방전

지친 마음을 위로하는 25가지 이야기

이미향 지음

하얀 꽃가루가 사르르 떨어지듯
자잘한 분노와 상처들,
어지러운 상념들을
가볍게 내려놓으시기를….

프롤로그 이야기의 힘! 6

제 1 화 내가 필요 없는 사람처럼 느껴질 때 12
제 2 화 누군가의 말에 상처 받을 때 20
제 3 화 모든 것이 무미건조 할 때 28
제 4 화 삶의 의미와 가치를 찾고 있을 때 36
제 5 화 위로받고 싶을 때 44
제 6 화 꿈이 사라졌을 때 50
제 7 화 나이 들어 보일 때 56
제 8 화 롤모델을 찾고 있을 때 64
제 9 화 의미없이 바쁘다는 생각이 들 때 72
제 10 화 나를 위한 휴식이 필요할 때 82
제 11 화 조급한 마음이 들 때 90
제 12 화 기분 좋아지고 싶을 때 98
제 13 화 인생의 즐거움을 잃었을 때 106
제 14 화 행복을 잊었을 때 114
제 15 화 부정적인 생각만 계속 들 때 122

차례

제 16 화 따뜻함이 필요할 때 **132**

제 17 화 사랑이 그리울 때 **140**

제 18 화 마음이 답답할 때 **148**

제 19 화 사는 것이 어렵다고 느껴질 때 **158**

제 20 화 어린 시절의 상처가 남아있을 때 **164**

제 21 화 대화가 되지 않을 때 **174**

제 22 화 세상이 갈수록 삭막해지는 것 같을 때 **182**

제 23 화 세상이 나에게 차가울 때 **188**

제 24 화 내 이야기가 나를 울릴 때 **194**

제 25 화 나를 사랑하고 싶을 때 **202**

에필로그 이 책을 읽은 그대에게 **210**

지친 마음을 위로하는 25가지 이야기 **214**

프롤로그
이야기의 힘!

셰익스피어가 어느 날, 식당에 들어갔다. 그 식당에 있던 많은 사람이 모여와서 셰익스피어에게 정중히 인사를 했다. 그 광경을 밖에서 보던 청소부가 빗자루를 든 채 땅이 꺼질 듯이 한숨을 내쉬었다.

셰익스피어가 그에게 물었다.

"왜 그렇게 땅이 꺼질 듯 한숨을 쉽니까?"

청소부가 대답했다.

"선생님은 그렇게 존경을 받는데, 나는 이처럼 한 끼의 밥을 얻기 위해 온종일 이 마당을 쓸어야 하니, 내 처지가 참으로 한심스러워 그럽니다."

셰익스피어는 청소부에게 말했다.

"그대, 친구여. 한탄하지 마시오. 그대는 지금 신이 지어 놓으신 이 세계의 한 모퉁이를 깨끗하게 하는 것이라오. 그대가 없다면 이 지구의 한 모퉁이는 더러워질 것이오."

이야기도 어쩌면 빗자루 같은 것이 아닐까. 마음 한 모퉁이에 쌓여있던 삶의 찌꺼기를 쓸어낼 수 있는 그런 이야기.

마음이 울적할 때 가슴속 이야기를 꺼내 추억 여행을 떠난다.

나는 어린 시절 충북 제천에 있는 '성림어린이집'에 다녔다. 그곳에 일주일에 한 번씩 '이야기 아줌마'가 커다란 그림책을 들고 오셨다. 지금으로 치면 '동화 구연가'였다.

"이야기 아줌마야!"라고 먼저 발견한 아이가 소리치면 우리는 맨 앞줄에 앉기 위해 서로 밀치며 달려갔다.

"옛날, 옛날에 토끼와 호랑이와 살았는데…."

이야기 아줌마의 달콤한 목소리에 우리는 상상의 세계로 여행을 떠났다. 신나게, 아주 신나게 재미있는 이야기 속으로 빨려 들어갔다. 공주도 되고, 선녀도 되고, 곰과 토끼도 만나고, 때론 여우와 호랑이가 무서워 도망치기도 했다.

소극적이고 수줍음 많던 나는 어릴 때부터 말하는 것보다 이야기 듣기를 좋아했다. 이야기를 들으며 그 상상 속에서 울고 웃었다. 행복했다. 아름다운 즐거웠던 유년 시절은 아직도 기억 속에 고스란히 남아있다.

어느 날이었다. 이야기 더듬이를 휘젓고 다니다가 우연히 신문에서 흥미로운 기사를 읽었다. 미국 하버드대학교 뇌 과학 연구팀이 발표한 논문이다.

"우리가 자신에 관해 이야기할 때, 뇌는 음식이나

돈, 섹스로 인한 쾌감과 비슷한 자극을 받습니다. 또 사람들은 자신을 드러내고 싶어 자기 수익의 17~25%를 포기하기도 합니다."

'아, 그래서 그랬구나! 이야기는 긍정적인 자극을 주는구나!' 내가 이야기에 매력을 느끼는 이유를 알았다.

나는 이야기꾼, 즉 '스토리텔러 story teller'의 힘을 믿는다. 모든 사람이 가지고 있는 '각자의 이야기'를 진솔하게 풀어나가는, 궁극적으로 듣는 사람에게 웃음과 감동, 치유를 주는 스토리텔러. 사람들이 가지고 있는 이야기본능을 일깨워 마음속에 가둬진 답답한 마음을 풀어내게 하는 것. 이 일이 나의 사명이라고 생각했다.

"나도 역사가 있는, 적어도 내 인생의 주인공이더라."라는 대사가 영화 「써니」에 나온다.

그렇다. 이 '역사'가 바로 자신의 '스토리'다. '인생'이라는 무대에서 당신은 조연도, 엑스트라도, 방관

자도 아니다. 주인공은 쉽게 좌절하지도, 포기하지도 않는다. 불끈 쥔 두 손등에 파란 힘줄이 솟도록 당신의 역사를 '스토리텔링'할 이유가 여기 있다.

"이야기는 호흡이나 혈액순환처럼 인간 본질의 한 부분이다."

영국의 여류 소설가 바이어트의 말이 떠오른다.

제 이야기를 들려줄게요.
이제, 당신의 이야기를 들려주실래요?

제 1 화

내가 필요 없는
사람처럼 느껴질 때

내가 필요하다고?

그런데 꼭 한 가지 필요한 게 있어. 네가 필요해!
네가 거름이 되어 내 몸속으로 들어와야만 해.
그래야만 별처럼 예쁜 꽃을 피울 수 있단다.

- 권정생 『강아지 똥』 중에서

나는 '키친 드렁커'였다. '키친 드렁커'란 가족이 없을 때 혼자 부엌에서 홀짝홀짝 술 마시는 여성 알코올 중독자를 말한다. 그게 바로 나였다.

딸아이가 2살 무렵, 우울증을 심하게 앓았다. 남편과의 불통, 시어머니와의 갈등 때문에 내 존재가 가치

없게 느껴졌다. 외로움이 무섭게 나를 덮쳤다. 의식하지 못한 채 자신을 불행의 구렁텅이로 몰아넣었다.

허구한 날 술을 마셨다. 아이를 업고서도, 얼굴이 빨개진 상태에서도, 머리띠를 하고 복도를 서성이면서도 그랬다.

마음이 아프면 몸도 따라서 서럽게 운다. 머리를 바늘로 쑤시는 것 같은 두통이 연일 계속되었지만, 술 마시는 것을 멈출 수 없었다.

누군가와 이야기하고 싶었다. 지나가는 사람을 막아서며 "저랑 이야기 좀 하면 안 되나요?"라며 붙잡았다. 그러나 술 냄새를 풍기는 낯선 여자와 이야기하려는 사람은 아무도 없었다.

그러던 어느 날, 책 외판하는 사람을 만나게 되었다. 드디어 이야기 동무가 생긴 것이다. 그와 이야기하는 시간이 그렇게 즐거울 수가 없었다. 하지만 즐거움은 오래가지 않았다.

그는 나에게 회사에서 책이 새로 출간되었다며 구

매하기를 권했다. 책이 필요하지 않았던 나는 거절했고, 그는 냉정하게 돌아섰다. 그가 등을 돌리며 남긴 말이 지금도 귀에 쟁쟁하다.

"에이, 참! 미향 씨 이야기만 실컷 들어줬네요. 시간만 낭비했네. 에이 씨! 그 시간에 책 팔아야 했는데…."

사람들이 모두 무서워졌다. '나는 정말 아무것도 아니구나' '차라리 죽고 싶다' 하는 생각이, 생각에 생각을 더했다.

그렇게 또 하루하루 술에 의지해 지내던 어느 날, 친한 언니네 집에 가게 되었다.

그날 나는 운명처럼 권정생의 『강아지 똥』이라는 그림책을 만났다. 민들레 싹의 말 한마디는 내 안으로 깊이 들어왔다.

"그런데 꼭 한 가지 필요한 게 있어. 네가 필요해! 네가 거름이 되어 내 몸속으로 들어와야만 해. 그래야만 별처럼 예쁜 꽃을 피울 수 있단다."

그 순간 『강아지 똥』을 꼭 끌어안고 작은 짐승처럼 울었다. 그동안 켜켜이 쌓여있던 감정들이 눈물이 되어 하염없이 흘러나왔다.

나는 민들레 싹에게 물었다.

"내가 필요하다고? 정말? 내가?"
민들레 싹은 이렇게 말해 주었다.
"그래, 미향아! 네가 얼마나 소중한데 그러니. 네가 얼마나 귀한데 그러니."

이야기 속에 내가 있었다. 주인공인 강아지 똥이 내 모습과 똑같았다. 초라한 모습으로 술에 취해 비틀거리는 나, 아무 쓸모 없이 굴러다니기만 하는 강아지 똥. 주위에서 더럽다고 침을 뱉고, 욕하고, 거들떠보지도 않는 냄새나고 초라한 똥! 그것이 바로 나였다. 강아지 똥은 나와 닮아 있었다.

무의미한 존재인 것 같던 강아지 똥이 민들레 싹을 만나며 새로운 이야기를 만들었다. 감동적이었다.

『강아지 똥』덕분에 나도 소중한 사람이 될 수 있다는 자존감의 싹이 텄다. 새로운 삶을 쓸 수 있다는 희망이 보였다.

그때부터 나처럼 마음이 아픈 사람들, 약한 사람들, 소외된 사람들, 그리고 장애가 있는 아이들을 위해 일해야겠다고 결심했다. 그 후 7년 동안 봉사활동을 했다. 물론 '키친 드렁커'도, 베란다에서 나쁜 마음으로 아래를 보는 습관도 없어졌다.

자존감은 누군가에게 필요한 존재가 된다는 확신이 들 때 회복된다.

흔히들 말한다. 자기 자신을 배려하고 사랑하라고. 하지만 그것은 쉽지 않다. 내면에서 줄곧 자기를 짓누르는 마음의 상처와 억압들이 '자기 사랑하기'를 방해하기 때문이다.

이야기는 치유하는 힘을 가지고 있다.

이야기는 병든 내 삶을 새롭게 바꾸어 놓았다.

이제 내 인생이 기대된다.

인생의 모퉁이를 돌 때마다 어떤 풍경이 펼쳐질지, 어떤 선물이 기다리고 있을지, 설렌다.

마음 새기기

"내가 필요하다고? 정말? 내가?"

민들레 싹은 이렇게 말해 주었다.
" 그래 _____ !
네가 얼마나 소중한데 그러니,
네가 얼마나 귀한데 그러니."

나를 짓누르는 상처가 있다면?

_____

_____

_____

_____

_____

제 2 화

누군가의 말에
상처 받을 때

말은 힘이 세다!

가는 말 거칠어야 오는 말이 곱다 해도
고운 말 서로 쓰고 먼저 사과해 봐요
주고받는 말 떠도는 말이
어느새 우리 얼굴 만드니까요

- 따돌림사회연구모임 「말의 힘」 중에서

경기도의 입시컨설팅 학원에서 '사랑의 매는 없다'라는 주제로 부모 특강을 요청했다.

특강은 작은 카페에서 열렸다. 예쁜 공간에서 만나게 될 청중을 떠올리며 설레는 마음을 다독였다. 강연 1시간 전부터 담당자들과 빔 프로젝트, 마이크, 스피커 등을 설치하고 점검하였다. 다시 한번 원고를 들여다보며 차분히 사람들을 기다렸다.

그런데 강연 시간이 다가왔는데도 문을 열고 들어오는 사람이 가뭄에 콩 나듯 했다. 생각했던 것보다 참가 인원이 너무 적어 카페에 들어오는 한 분 한 분이 고마웠다.

잠시 후 나의 지인 미영이가 들어왔다. 그녀에게는 며칠 전 부모교육이 있으니 꼭 참석해달라고 부탁했다. 자리에 앉은 후 손 인사를 하는 그녀가 무척 반가웠다.

카페 문밖에서 통화하던 담당자가 황급히 나에게 다가왔다.

"강사님. 아이고, 어쩌죠? 원래 단체로 15명이 오기로 했는데 갑자기 취소한다는 연락이 왔어요." 하면서 안절부절못했다.

'청중이 적어도 괜찮아, 이야기 나눌 사람이 있기만 하면 충분해.' 라고 생각하며 강연 준비를 했다.

여느 때와 마찬가지로 가볍고 활기차게 강의를 시작했다.

그때 팔짱을 끼고 나를 못마땅하게 바라보는 한 사람이 눈에 들어왔다. 좁은 공간이어서 그런지 그 모습이 계속 거슬렸다. 강연 시간 내내 빈정대는 표정을 한 채 '칫칫' 혀 차는 소리를 노골적으로 냈다.

강연이 끝나고, 담당자가 내 책 『당신이 스토리텔링이다!』를 참석한 분들께 선물했다. 기쁜 마음으로 정성스레 사인하고 있는데, 나를 노려보던 그 사람이 다가왔다.

"내가 이 책을 왜 받죠? 필요 없는 책이에요."

내뱉듯 한마디 던진 후 쌩하니 바람을 일으키며 나가버렸다.

순간 너무 당황스럽고 민망해서 몸 둘 바를 몰랐다. 참석을 부탁했던 지인 미영이를 보자 더 창피해졌다.

'필요 없는 책'이라는 말이 비수처럼 가슴에 박혔다. 마음이 너무 아프고 속이 무척 상했다.

'아니, 그렇게 싫으면 그냥 조용히 가면 되지, 왜 저런 말로 굳이 나에게 상처를 주고 갈까?' 그 사람의 말이 내 마음을 마구 휘저으며 할퀴었다.

그 일이 있고 며칠 후, 책을 읽다가 곰곰이 생각했다. 그리고 문득 깨달았다. 누군가가 나에게 상처가 되는 말을 했을 때 그 말에 내 감정을 보태어 마음에 보관한다는 것을…. 그 사람은 한 번 상처를 주었을 뿐인데, 그 상처를 스스로 반복하면서 나를 여러 번 상처입힌다는 것을….

소중한 깨달음이었다. 시간이 지나자 마음이 차츰 가벼워졌고 편안해졌다.

말은 마음 밭을 아름답게 일구는 도구이기도, 폐허로 만드는 무기이기도 하다. 봄꽃처럼 따스한 말이 있고, 얼음같이 차가운 말이 있다. 풍요로운 덕을 담을 수도, 황량한 독을 품을 수도 있다. 날카로운 말에 베인 마음의 상처가 몸에 난 상처보다 오래간다.

똑같은 말을 들어도 어떤 날은 칭찬 같고, 어느 날은 비난처럼 들린다.

그 이유는 내 안에 있다. '어떻게 들을 것인가?' 선택권은 나에게 있다. 가시 돋친 말은 기분을 상하게 하지만 상처의 깊이는 내가 조절할 수 있다.

신문을 읽을 때였다. 강렬한 눈빛을 띠며 왼손을 높이 든 메이 총리 사진이 눈길을 끌었다. 영국의 두 번째 여성 총리 메이는 마지막 연설에서 타협, 양보, 경청, 배려, 설득 등을 강조하였다. 대부분 언어에 관한 내용이었다.

그녀는 정치인들의 언어가 갈수록 거칠어지는 것을 비판하며 "정제되지 않은 나쁜 말이 불행한 행동으로 연결되고, 증오와 편견이 그들이 하는 일을 어두운 곳으로 향하게 한다."고 말했다.

말은 힘이 매우 세다는 것을 깨닫는다. 말에 밀려

넘어지지 않아야 한다. 좋은 말들로 내 안을 채워 중심을 제대로 잡아야 한다.

"내 언어의 한계는 곧 내 세상의 한계를 의미한다."
철학자 비트겐슈타인의 명언을 되새긴다.

마음새기기

그 사람은 한 번 상처를 주었을 뿐인데,
그 상처를 스스로 반복하면서
나를 여러 번 상처입힌다는 것을

힘이 되는 말이 있다면?

제 3 화

모든 것이
무미건조 할 때

시詩 한 편의 행복

활짝 편 손에 담긴 사랑
그것밖에 없습니다.

보석 장식도 없고,
숨기지도 않고,
상처 주지 않는 사랑.

누군가 모자 가득
앵초꽃을 담아
당신에게 불쑥 내밀듯이
아니면,

치마 가득 사과를 담아 주듯이
나는 당신에게
그런 사랑을 드립니다.

아이처럼 외치면서
"내가 무얼 갖고 있나 좀 보세요!"
"이게 다 당신 거예요!"

- 에드너 st. 빈센트 밀레이 「활짝 편 손으로 사랑을!」

띠리링~

핸드폰 알람이 계속 울리는데도 따뜻한 이불 속에서 빠져나오기 힘들다. 겨우 이불에서 빠져나와 현관문을 열고 나간다. 문 앞에 놓인 신문을 거두면서 하루를 시작한다.

"후웁." 짧은 들숨으로 신문 냄새를 맡으며 대문을 열 듯 좌우로 활짝 펼친다. 언젠가부터 끔찍하고 자극적인 내용보다, 밝고 아름다운 세상을 느끼게 해 주는 기사를 먼저 본다.

 청량한 아침처럼 맑은 기운을 북돋아 주는 내용이 눈에 들어왔다. 96세의 할머니가 2시간여 동안 20여 편의 시를 실수 없이 줄줄 외워, 참석자들에게 큰 박수를 받았다는 기사였다. 할머니는 기력이 다할 때까지 시를 읽고 외우는 것이 소망이라고 했다.

 시인의 감성으로 세상을 바라보던 시기가 누구에게나 있을 것이다.

 나는 시인은 아니지만, 아름다운 시를 곁에 두고 반추하듯이 자분자분 음미하기를 좋아한다. 96세 할머니만큼의 열정은 아니지만 시 낭송대회에 참가한 경험도 있다.

 오늘은 소박한 마음을 남김없이 보여 주는 사랑의 시, 「활짝 편 손으로 사랑을!」 '에드너 st. 빈센트 밀레이'의 시를 음미하면서 외웠다. 한 문구가 내 가슴에 작은 돌을 던졌다.

> 치마 가득 사과를 담아 주듯이
> 나는 당신에게
> 그런 사랑을 드립니다.

우리는 사랑하면서도 이것저것 재는 버릇이 있다. 손해를 보면 어쩌나. 상처받지 않을까. 거절당하지는 않을까. 이런 생각들이 순수한 사랑을 방해한다.

치마 가득 사과를 담아 내미는 소녀의 마음처럼, 사랑은 원래 꾸밈없이 예쁜 것이다. 두 손을 활짝 펴서 남김없이 다 주는 게 진짜 사랑이다. 순수한 동심의 세계가 느껴지면서, 소박한 사랑을 보여 주는 이 시가 좋다.

모자에 앵초꽃을 가득 담아 준다는 구절이 있다. 왜 앵초꽃을 사랑하는 사람에게 주었을까? 앵초꽃이 어떤 꽃이길래.

'앵초'라는 꽃이름은 꽃모양이 앵두와 같다고 해서 붙여졌다. 4~5월에 피는 봄꽃이며, 전국 각처 산지에서 자라는 다년초다. 습기가 많은 곳에서 자란다.

꽃말이 '행운의 열쇠'와 '가련'이라고 하는데, '꽃말까지도 어쩜 이리도 예쁜지! 사랑하는 사람에게 행운을 가득 담아 주고 싶었나 보다. 정말 사랑이 가슴을 파고든다.

✼

나에게 좋은 시란 쉽고, 리듬감이 살아 있고, 그림으로 그려지고, 깊은 울림이 전해지는 시다. 시는 짧은 음악과 같아서 마음속에서 어떤 진동이 느껴져야 한다. 다른 사람의 평가가 중요한 것이 아니라, 그저 나에게 울림을 준다면 그것이야말로 참으로 좋은 시라고 생각한다.

바쁜 일상 속에서 시를 살피는 일은 어렵다. 하루

에 하늘 한 번 올려다보는 것도 하기 힘들다.

그렇지만 마음에 여유를 가지면 길가에 핀 작은 꽃과 하늘의 조각구름, 바람에 흔들리는 나뭇잎에도 눈길이 머문다.

바쁜 삶 속에서 자연에 눈길을 돌리 듯, 시 한 편 읽어보는 것은 어떨까. 삶이 무미건조하다고 느껴질 때 좋은 시 한 편, 마음에 담아두고픈 시 한 구절, 반짝이는 시어 하나에 작은 감동을 받을 수 있다. 시를 통해 세상을 보는 마음의 창문을 하나 더 마련할 수도 있다. 우리가 비록 학창시절 문학소년 소녀가 아니었을지라도 신문에 소개된 할머니처럼 시에서 삶의 활력을 찾을 수 있다. 나이가 들수록 촉촉한 가슴을 간직해야하지 않을까.

"시를 읽는다는 건, 메마르고 녹슨 마음에 숨은 건반을 눌러 주고 현을 튕겨 주는 일이야."

황인숙 시인의 말을 곱씹는다.

마음새기기

시를 읽는다는 건,
메마르고 녹슨 마음에
숨은 건반을 눌러 주고
현을 튕겨 주는 일이야.

내가 가장 활기찼던 때는?

_____

_____

_____

_____

_____

제 4 화

삶의 의미와 가치를
찾고 있을 때

나눔은 사명이요, 행복이다

한 손은 너 자신을 돕는 손이고,
다른 한 손은 다른 사람을 돕는 손이다

- 샘 레빈슨 「세월이 알려주는 아름다운 삶의 비결」 중에서

아침마다 KBS1 「인간극장」을 본다. 강연 때문에 놓치게 되면 유료로 다운받아서라도 꼭 챙겨보는 애청자다. 보통 사람들의 특별한 이야기, 특별한 사람들의 보통 이야기를 치열한 삶의 바다에서 건져 올려 생생하게 펼치는 것이 「인간극장」의 매력이다.

늘 감동을 선사하는 드라마 중에서 93세의 한원주

의사 선생님의 이야기가 인상적이었다.

93세의 명의_{名醫}는 나이가 숫자에 불과하다는 것을 스스로 증명했다. 새로운 지식을 쌓기 위해 열심히 학술 세미나에 참석하고, 하루 2시간씩 안경을 쓰고 돋보기를 들이대며 책을 읽는다.

그녀는 사랑만 가지고도 병이 나을 때도 있다고 말하며, 아픈 이들의 마음을 어루만져준다.

일할 때 보다 무료봉사할 때가 더 기쁘고, 병원에서 일하다가 쓰러져 하늘나라로 가고 싶다고 했다.

작은 체구에서 나오는 저력, 끈기, 사랑 그리고 실행력을 가진 분이다.

뉴욕에 '폴 칼라니티'라는 의사가 있었다. 그는 한원주 선생님과 같은 의사의 길을 걸었지만 36세의 짧은 생을 살았다.

폴 칼라니티는 철학 박사 학위를 받은 후, 큰 뜻을 품고 다시 의대에 입학했다. 촉망받는 스탠포드 대학교 신경외과 레지던트였던 그는, 어느 날 폐암 판정을 받는다.

그는 '메스로 해결될 상황이 아니라면 외과의사가 선택할 수 있는 도구는 따뜻한 말뿐이다'라고 했다. 작은 위로 한마디가 힘이 될 때도 있다는 것을 경험으로 알게 되었다.

치료받던 중 태어난 생후 8개월 된 딸을 두고도, '나는 죽음을 맞이할 준비가 됐어'라고 이야기한다.

사랑하는 아내와 딸을 남겨두고 떠나야 하는 아픔과 죽음을 겸손하게 받아들이는 모습에 가슴이 미어졌다.

동의보감에 이런 말이 나온다. "의사를 소의小醫, 중의中醫, 대의大醫 세 부류로 나눌 수 있다. 소의는 육체의 병을 치료하는 의사이고, 중의는 사람의 마음을 치료하는 의사이고, 대의는 사회나 국가를 치료하는 의사를 의미한다."

아무리 숭고한 뜻이 있어도 그에 걸맞는 치료 기술을 갖추지 못했다면 환자나 가족들에게 안타까움을 줄 수 있다.

    뛰어난 능력을 갖춘 의사라 하더라도 고결한 정신을 갖추지 못하고 잿밥에만 관심을 두면, 몸이 아픈 사람에게 마음의 상처를 입힐 수 있다.

    천수를 누리며 자신의 사명을 다하여 환자를 치료하는 의사도 있고, 미처 자신의 뜻을 펼치기도 전에 삶을 마감한 안타까운 의사도 있다.

    그러나 두 분 모두 자신에게 주어진 운명에 순응하며 삶의 의미와 가치를 찾아 치열하게 살아가는 사람이라는 공통점이 있다. 자신의 소명 의식에 충실한 아름다운 분들이다. 순수한 마음과 따뜻한 손을 가진 자랑스러운 대의大醫다.

    즐거운 인생이 될 수 있도록 나의 삶을 책임져야 하지 않을까. 스스로 자신의 마음을 살펴 상처를 치유하고, 다른 사람에게 손을 내밀어 아픔을 어루만져 위로할 수 있다면 얼마나 보람 있는 인생을 사는 것일까.

글을 쓰는데 친구 구영이가 전화를 했다. 이래저래 힘든 시간을 보내고 있는 친구의 이야기를 들었다.

"미향아, 쉽고 좋은 책 써줘라. 요즘 같은 때에 누군가의 한마디 말이, 한 줄의 글이 사람들에게 큰 위로를 줄 수 있다는 생각이 들어."

"그래 맞아. 지금 열심히 쓰고 있어. 삶의 이야깃거리가 요즘 주변에서 많이 보이네."

강연으로 사람들의 삶에 선한 영향을 미치고 변화를 끌어내는 것. 좋은 글로 캄캄한 마음에 작은 등불이 되어주는 것. 어려운 이들에게 나눔을 실천하는 것.

이 세 가지가 나의 사명임을 오늘도 굳게 다짐한다. 세상 사람들의 마음을 치유하는 작은 의사가 되고 싶다.

마음새기기

즐거운 인생이 될 수 있도록
나의 삶을 책임져야하지 않을까.

나를 기쁘게 하는 것은?

_____
_____
_____
_____
_____

제 5 화

위로받고
싶을 때

퀸, 우리를 위로하다

우린 챔피언이야 우린 챔피언

패자를 위한 시간이란 없어

왜냐하면, 우린 모두 세상의 챔피언이거든

― 퀸「We are the champions」중에서

"We~ are the champion~ My friends"
"We will We will Rock you!"
1997년 발매된 그룹 퀸의 싱글앨범 '위 윌 록 유'에 수록된 노래다. 평창올림픽, 월드컵, 아시안게임 등 스포츠 경기를 볼 때마다 셀 수 없이 많이 들었다.

록밴드 퀸과 리드보컬 프레디 머큐리의 삶을 다룬 영화 「보헤미안 랩소디」가 2018년 후반기를 뜨겁게 했다. 사람들의 입소문을 타고 뒤늦게 흥행에 성공했다. 흔히 말하는 '역주행'이다. 이 중에는 40~50대 남성들이 두세 번 재관람하는 예도 적지 않다. 영화관에서는 영화를 보며 노래를 따라 부를 수 있는 '싱어롱Sing-along 상영관'을 따로 마련하기도 했다. 관객 수 990만 명을 달성하며 사회 곳곳에서 영국 록밴드 'Queen' 신드롬을 일으켰다.

　영국 식민지 탄자니아에서 태어나 45년간의 짧은 생을 마감한 그룹 퀸의 리드보컬 프레디. 마약과 동성애를 탐닉하다가 에이즈로 죽은 남자의 이야기에 왜 열광하는 것일까?

　영화 개봉 후, 두 달이 지난 12월. 드디어 딸아이와 「보헤미안 랩소디」를 보았다. 영화를 보고 나니 사람들이 열광한 이유를 알 수 있었다. 바로 '노래' 때문이었다. 노래가 주는 압도감에 이야기의 서사를 잊고 음악에 퐁당 빠질 수밖에 없었다.

마지막 20분에 펼쳐진 '1985 라이브 에이드' 공연이 코앞에서 생생하게 펼쳐질 때, 마치 내가 라이브 공연장에 있는 것 같은 착각에 빠져들었다. '세기의 퍼포먼스'라 불리는 이유를 알겠다.

보는 중간중간 눈물이 핑그르 돌다가 어느 때는 주르르 흘렀다. 마지막 부분에서는 눈물샘 둑이 터졌다. 주체할 수 없이 쏟아졌다.

참으로 기분이 묘했다. 나는 TV 드라마, 연극, 영화를 보면서 눈물을 자주 쏟는데, 맘먹고 참으려고 하면 멈출 수 있다. 그런데 이 영화를 볼 때는 이상하게도 그게 잘 안 됐다. 옆에 앉아 있는 딸아이를 의식하지 않은 채, 가슴 깊은 곳에서 올라오는 눈물을 흘렸다. 눈물을 훔치다가 슬쩍 고개를 돌려보니 나 같은 사람들이 간혹 있었다.

"엄마, 자신의 죽음을 앞두고 저토록 열정적으로 노래하는 모습이 너무너무 멋있다."

딸아이도 감동했나 보다.

우리를 그토록 울게 한 주범은 「We are the

champions」이다. 「보헤미안 랩소디」에서 마지막 하이라이트를 장식한 곡이다.

프레디는 죽음의 공포와 끝까지 싸우며 곡을 쓰고 노래했다. 실제로는 마지막 공연 당시, 자신이 병에 걸린 것을 몰랐다는 이야기도 있다. 그러나 그가 겪어온 비극적 삶의 체험이 명곡을 탄생시킨 것은 아닐까.

이택광 경희대 교수는 "퀸 음악의 주제 의식이 현재 한국 사회 가장 큰 화두인 '위로'의 문화 코드와 맞아떨어졌다."고 말했다. 영화관에는 위로가 필요한 사람들로 가득 차 있었을 것이다.

한 치 앞도 안 보이는 막막한 시대에 어떻게 살아야 할지도 모른 채 방황하는 우리.

어려움을 견뎠고, 실수도 했고, 치욕도 당했지만, 지금까지 잘 버텨낸 우리.

누구에게도 위로받지 못한 채 울고 있는 우리에게 그들이 목청껏 외치고 있다.

"We are the champions!"

마음새기기

패자를 위한 시간이란 없어
왜냐하면 우린 모두 세상의 챔피언이거든
"We are the champions!"

힘들 때, 가장 듣고 싶은 말은?

_____
_____
_____
_____
_____

제 6 화

꿈이
사라졌을 때

꿈꾸지 않으면

우리 알고 있네
배운다는 건 가르친다는 건
희망을 노래하는 것

- 간디학교 교가 중에서

매일 아름다운 사진이나 노래, 동영상을 메시지로 보내는 지인이 있다. 조금 귀찮을 때도 있지만 가끔 내 마음과 눈길을 사로잡을 때도 있다.

얼마 전, 그가 간디학교 교가의 노랫말을 보내주었다. 방송에서 한 어린이가 귀엽고 청아하게 부르던 모습이 떠올라 더 인상적이었다. 마음을 위로해주는 것 같은 노랫말이 좋았다. 영상과 악보를 찾아보며 따라 불렀다. 부를수록 영롱한 기운이 흘러나오는 듯했다.

✷

 인천의 작은 도서관에서 자원 활동가를 대상으로 '역량 강화 직무교육'을 한 적이 있다. 여름의 끝자락이라 강의실 안이 무척 더웠다.

 복지관, 교회, 주민자치센터에서 7년 동안 자원 봉사한 나의 경험을 나누었다. 할 수 있다는 믿음을 가지고 함께 꿈꾸어 나아가자고 힘주어 이야기했다.

 2시간 동안의 열강을 마치고 노트북을 정리했다. 그때 70대 어르신이 다가와 사인을 해 달라며 종이 한 장을 내밀었다. 강의 40분 전부터 내 책을 읽고 있는 모습을 봤기 때문에 기억에 남아 있었다.

 "30년 동안 교직에서 아이들을 가르치다가 지금은 퇴직하고 제2의 인생을 살고 있습니다. 오랫동안 가르치기만 하다가, 배우고 나누는 것의 즐거움을 알아가는 요즘이 너무나 행복합니다. 오늘 강사님의 말씀 한 글자 한 글자가 제 안으로 다 들어온 듯해요. 깊이 새겨놓을게요. 새로운 인생을 시작하는 때에, 벅찬 감정이 꽉 차 있으니 참 기쁘고 행복합니다. 감사합니다."

어르신의 얼굴은 동백꽃처럼 붉게 상기되어 있었고, 연신 고개를 주억거리며 자신의 마음을 드러냈다. 그의 말은 내 이마에 흐른 땀을 시원하게 씻어주는 바람 같았다. 강사로서 긍지와 자부심을 느낄 때가 바로 이런 때가 아닐까.

『가슴 뛰는 삶』『아들아, 머뭇거리기에는 인생이 너무 짧다』로 꿈과 삶을 꾸준히 말해온 강헌구 교수는 한 인터뷰에서 "꿈이야말로 존재 이유이며, 꿈을 잃어버리는 순간 그는 죽음에 이르는 병에 걸린 것이다." 라고 이야기했다.

오늘도 내 입에서는 맑고 고운 선율이 흘러나오고 있다. '배운다는 건 꿈을 꾸는 것. 가르친다는 건 희망을 노래하는 것'

나눔은 사명이요, 행복이며, 나의 꿈이다!

마음 새기기

꿈이야말로 존재 이유이며,
꿈을 잃어버리는 순간
그는 죽음에 이르는 병에 걸린 것이다

할까, 말까 망설이는 것이 있다면?

_____
_____
_____
_____
_____

제 7 화

나이 들어 보일 때

슈퍼 에이저,
당신은 아직 젊다!

우린 늙어가는 것이 아니라
조금씩 익어가는 겁니다

-노사연「바램」중에서

오랜만에 나를 포함한 6남매가 함께 여행을 가기로 했다. 설레는 마음을 안고 세수하기 위해 화장실에 들어갔다. 습관처럼 거울을 봤다.

평소에는 슥 하고 지나칠 텐데 그날따라 팔자주름과 눈가의 잔주름, 다크서클이 거슬렸다. 분명 어제만 해도 생기 넘치고 젊어보였는데, 오늘따라 왜 이렇게 늙어 보일까?

거울 속의 '나'는 어제의 내가 아니라 또 하루 나이를 먹은 '나'다. 내가 느끼지 못하는 사이에 조금씩 늙어가나 보다. 또 하루 나이듦을 느낀다.

여행 목적지는 아산 온양이다. 온천에서 피로를 풀고, 우리는 숙소에 옹기종기 모여 앉았다. 작은 탁자에 캔맥주와 과일, 땅콩 등을 차려놓고 수다 삼매경에 빠졌다. 보따리에 하고 싶은 말을 어찌나 많이 담아왔는지 너도나도 이야기 풀기 바빴다. 금세 공간이 이야기로 가득해졌다.

제일 큰 언니가 60세를 바라보고, 동생이나 나도 50대이다 보니 화제는 단연 '건강'이었다.

나이 들어 치아 교정은 힘들다는 둥, 비타민이나 콜라겐 등 건강보조식품은 필수라는 둥, 탈모 개선 샴푸를 사용해야 한다는 둥, 눈 운동을 해야 한다는 둥, 근육을 늘리는 근력 운동이 최고라는 둥 건강에 대한 염려와 정보를 주고받았다.

※

'슈퍼 에이저'라는 단어가 있다. 신체적 정신적으로 젊은이 못지않게 왕성한 활동을 하는 건강한 80세 이상의 노인을 일컫는 말이다. 생물학적 나이는 80세가 넘지만, 기억력과 집중력 등 뇌 부위 연계 활동이 아주 효율적이라고 한다.

90세 노인이 있다. 그는 매일 새벽 6시에 일어나 라디오를 틀고 영어 공부를 한다. 경미한 오토바이 사고 이후 건강과 기억력을 지키기 위해 74세부터 공부를 시작했다고 한다. 부인을 80세에 여의고 혼자 살면서 말동무가 사라지자, 3.1 독립선언서를 외워 낭독하기 시작했다.

운동도 열심히 한다. 직접 만든 기발한 체조로 몸이 굳어지는 것을 막는다.

철저한 자기관리로 지금은 청주시 문의문화재단

지에서 외국인을 상대로 역사문화해설을 하고 있다. 유창하지는 않지만 소통하는 데는 어려움이 없다.

우리 인생을 전반기와 후반기로 나눈다면 그 중간 시점은 50세나 60세다. 전반기 삶은 외부로부터 정보를 받아들여 뇌 속에 저장하는 시기다. 인생의 후반기에 접어들면 그동안 축적된 경험을 바탕으로 내면의 정보를 연결한다.

몸이 늙어감에 따라 뇌도 노화되기 마련이다. 꾸준한 운동으로 몸을 단련하여 젊은 신체를 유지할 수 있듯이, 지적 활동을 통해 뇌를 자극하면 뇌의 노화도 충분히 늦출 수 있다.

노화로 신경세포가 손상되더라도 다양한 자극으로 뇌 연결성을 강화하면 일부 세포가 죽더라도 주변에 다른 세포들이 그 영역을 대신 해준다고 한다. 이를 전문 용어로 '뇌의 인지 예비 용량'이라고 한다.

우리는 적극적으로 뇌에 인지 저장 창고를 넓힐 수 있도록 노력해야한다. 그러기 위해서는 끊임없이 새로운 것에 관심을 가지고, 생각하며, 연결점을 찾는 연습을 해야 한다. 이런 활동으로 뇌의 노화 속도를 늦출 수 있다.

노력하면 된다. 더불어 현재의 행복을 놓치지 않고 즐기면 더욱 좋다.

당신의 나이는 지금 몇 살입니까?

숫자에 자신을 한정 짓지 말고, 자리에서 일어나자. 일상에서 작은 목표를 세워 슈퍼 에이저가 되기 위해 준비하자. 뇌의 신경세포를 열심히 연결하자. 나이는 숫자에 불과하다는 말을 실감할 수 있을 것이다.

이제 거울을 볼 때 외모만 관찰할 것이 아니라, 새로운 일에 도전하는 나를 만나야한다. 삶의 경험을 바탕으로 다른 일에 도전해야 한다. 젊은 사람과 대화하며 의견을 물어보는 것도 좋은 방법이다.

신체 건강과 정신 건강은 동행하는 것이다. 좋은 음식과 건강보조식품을 섭취하는 것도 중요하지만 뇌를 단련하고 삶을 음미하는 태도도 인생 후반기에 갖추어야할 덕목이다.

추억이 꿈을 대신하면 그때부터 노인이 된다고 한다.
아직 우리는 생각보다 젊다!

마음 새기기

끊임없이 새로운 것에 관심을 가지고,
생각하며,
연결점을 찾는 연습을 해야 한다.

하루에 '왜'라는 질문 몇 번 할까?

_____

_____

_____

_____

_____

제 8 화

롤모델을
찾고 있을 때

아름다운 사람

살아가는 이유 꿈을 꾸는 이유

모두가 너라는 걸

네가 있는 세상 살아가는 동안

더 좋은 것은 없을 거야

- 김동규 「10월의 어느 멋진 날에」 중에서

꽃피는 봄, 인천의 작은 복지관에서 15주 동안 마음치유 수업을 진행했다. 그곳은 마이크는 물론 음향시설, 빔 프로젝트, 화이트보드 등 어떤 수업 도구도 없었다. 책상과 의자만 얌전하게 자리한 작은 공간이었다.

그러나 참 아늑하고 예쁜 교실이었다. 커다란 창으로 햇빛이 밝게 들어왔고, 벽에는 푸릇한 초록색 그림들이 같은 듯 다른 모습으로 아름답게 펼쳐졌다.

비가 오는 날에는 차분하게, 햇살 그윽한 날은 화사한 조명으로 밝은 분위기를 연출할 수 있었다.

수강인원은 7명이었다. 덕분에 한 사람 한 사람의 이야기를 오롯이 경청할 수 있어 가족 같은 분위기로 무르익었다.

이 수업에서 아주 귀중한 인연을 만났다. 특별한 사람 '박옥자 씨'다. 그녀는 1급 시각장애인이며, 남편도 같은 장애가 있다. 그녀의 가슴 아픈 가족 이야기에 눈물이 나서 난감하기도 했다.

옥자 씨와 나는 나이가 같아서인지 오래전부터 알고 지낸 사이처럼 가깝게 느껴졌다. 어느 사이 우리는 시나브로 친구가 되었다. 프로그램이 끝난 후에도 옥자와 나는 계속 전화를 주고받으며 만남을 이어갔다.

옥자의 얼굴은 참으로 복스럽다. 초승달처럼 꼬리가 내려오는 두 눈, 사과같이 붉고 윤이 나는 양 볼, 쪽마늘같이 하얗고 둥근 코, 산딸기같이 붉고 촉촉한 입술. 참으로 사랑스러운 옥자다. 유익종 가수의 노랫말처럼 '그저 바라볼 수만 있어도 좋은 사람'이다.

옥자는 웬만한 가수 못지않게 노래를 잘 부른다. 부평장애인종합복지관에서 열린 가요제에서 남편과 듀엣으로 참여해 최우수상을 받기도 했으니, 그녀의 노래 실력에 대해선 더 이상 말할 필요가 없다.

2019년 9월 어느 날, 인천에서 열린 '장애인 어울림한마당 문화공연'에 옥자와 옥자 남편이 부부 듀엣 가수로 초대되었다.

나 역시 그 자리에 있을 수 있었다.

그날, 옥자에게 전화가 왔다.

"미향아, 나 좀 도와줘. 활동 보조인이 남자라서 무대 의상 갈아입을 때 너의 도움이 필요해. 그리고 무대에 선 내 모습 너에게 보여 주고 싶어."

마침 오전 강의만 있던 터라 시간이 있었다. 1초의 망설임도 없이 도우미로 나섰다.

대기실에서 기다리는 옥자에게 핑크 드레스를 입혀주었다. 얼굴에 뽀얀 쿠션을 두드리고, 입술에는 빨간색 립스틱을 발랐다. 장밋빛 목걸이도 걸어주었다. 꽃단장까지 하니 옥자는 동화 속에 나오는 백설 공주 같았다.

진행자가 공연 시작을 알리는 순간 조명이 무대 위를 환하게 비추었다. 옥자는 첫 번째 순서였다. 대기하는 내내 가슴이 콩당 콩당 뛰었다. '옥자가 잘할 수 있을까?' 어린아이를 물가에 내놓는 심정이었다.

이윽고 무대 쪽에서 옥자와 옥자 남편의 이름이 들려왔다. 앞이 보이지 않는 옥자를 위해 손을 꼭 잡고 무대 중앙으로 나갔다. MR이 흐르고, 노래 「10월의 어느 멋진 날에」가 큰 공간에 울려 퍼졌다.

천상의 목소리에 두 사람의 화음이 어우러져 노래는 더욱 깊고 아름다웠다. 청중은 음악에 매료되어 고요하게 숨죽였다. 노래가 사람들의 마음에 와닿았다. 내 마음에도 따스한 진동이 일렁였다. 서둘러 핸드폰을 꺼내 무대 옆에서 동영상을 찍었다. '어쩜, 이리도 아름다운 목소리일까?' 그녀가 너무나 자랑스럽고 대견했다.

"전율이 올 정도로 감동이 있는 무대였습니다. 앞으로 꿈이 무엇인지 말씀해 주시겠어요?"

진행자의 질문에 옥자는 조금 흥분된 목소리로 또박또박 대답했다.

"저희는 요즘 다양한 장르의 노래를 연습하고 있어요. 우리 노래가 저처럼 몸이 불편하거나 마음이 아픈 사람들에게 작은 위로가 되었으면 참 좋겠습니다. 열심히 꿈을 향해 달려갈게요. 지켜봐 주세요. 감사합니다."

짧고 소박한 인사에, 사람들은 열렬하게 손뼉을 쳤다. 그 꿈이 꼭 이루어지기를 바라는 간절한 마음으로 두 손을 모았다. 그리고 다짐했다. 내 친구의 꿈길에 힘닿는 데까지 동행할 것을.

널 만난 세상 더는 소원 없어
바램은 죄가 될 테니까

  온종일 노래 가사가 입술에서 떠나지 않았다. 어느 멋진 날이 꼭 10월뿐이겠는가. 깊어가는 가을 11월에도 멋진 날이 이어지고, 낙엽 진 들녘에 흰 눈이 쌓이고, 또 새싹이 돋아나도 멋진 날은 계속될 것이다.
  옥자가 사계절을 볼 수 없지만 아름다운 목소리는 우리가 볼 수 없는 것을 보여 준다. 옥자의 목소리가 멋진 날을 계속 만들어 줄 것이다. 그런 그녀가 참으로 멋있고, 존경스러웠다.

마음 새기기

살아가는 이유 꿈을 꾸는 이유
모두가 너라는 걸
네가 있는 세상 살아가는 동안
더 좋은 것은 없을 거야

닮고 싶은 성격은?

_____
_____
_____
_____
_____

제 9 화

의미없이
바쁘다는 생각이 들 때

반드시 쉼표가 필요해!

 탐험가들이 아마존 원주민들과 보물을 찾아 나섰다. 서둘러 보물을 찾고 싶은 탐험가들은 쉬지 않고 목적지를 향했다.
 며칠을 걷는데 원주민들이 갑자기 멈춰 섰다. 그들은 기도하거나 명상하듯 앉았다.
 의아한 탐험가들이 걸음을 재촉했다. 때로는 총구를 겨누며 협박도 했다.
 그때 원주민의 우두머리가 단호하게 말했다.
 "아니요. 우리는 지금까지 너무 빨리 왔습니다.
 영혼이 우리를 따라올 시간을 주기 위해 쉬어야 합니다."

한 해를 보내고 새해를 맞이할 때마다 세월의 무상함과 빠름을 새삼 느낀다. 어렸을 때는 쑥쑥 자라서 빨리 세상에 나가고 싶었는데, 나이가 들어갈수록 가는 세월이 아쉽기만 하다.

이맘때는 매번 지나간 시간을 돌아보면서, '어떻게 살 것인가'를 고민하게 된다.

며칠 전 후배에게 전화 한 통이 왔다.

"언니, 요즘 어떻게 지내?"

"응, 정신이 하나도 없어. 계속 쉬는 날 없이 강연하느라 너무 바빠. 네 남편도 많이 바쁘지?"

"그치. 우리 애들 아빠도 늘 바쁘기만 해. 완전 일벌레잖아.

언니도 알다시피 지금까지 경제적인 부분에서 힘들게 하지는 않았어. 그렇게 나름대로 열심히 살았지만…. 남편이 아이들과 어릴 때부터 함께 하는 시간이 없어서인지 요즘 아이들이랑 마주 앉는 모습이 낯설고 어색해. 경제적으로는 아무 문제가 없는데 심리적으로, 정서적으로 애들과의 사이에 문제가 많은 것 같아.

아이들도 아빠와 대화할 때 건성으로 '예, 예.' 대답만 하지 남편과 진정한 교감이 없는 것 같아. 사춘기가 되니까 은근히 잔소리하는 아빠를 완전 따돌리는 것 같아."

✦

'바쁘다'라는 말을 입에 달고 사는 사람이 있다. 나 역시 그렇다.

그런데 바쁘다는 말속에 중요한 무언가가 빠진 것 같다.

'바쁘다'라는 말의 한자는 '忙'이다. 이 글자를 살펴보면 '心'에 '亡'의 조합으로 이루어져 있다. 마음을 잃어버려 정신이 없는 상태를 이르는 말이다. '마음이 바쁘면 망한다.'라는 교훈을 준다.

되돌아보니 지난 12월 말부터 마라토너처럼 쉬지

않고 달려왔다. 교도소 강연, 새내기 강사 코칭, 신문사 인터뷰, 저자 특강, 부모 특강 등 정신없이 빽빽한 일정을 소화했다.

또 각종 강사 모임, 세미나, 대학원 동기들 만남, 시 낭송대회 참가 등 이런저런 이유로 주말도 저녁도 없는 시간을 보냈다. 이제 몸도 마음도 지친다. 숨이 차고, 다리도 아프고, 어지럽고, 온몸이 쑤시고 아프다. 브레이크 없는 내 삶이 안쓰럽다는 생각마저 들었다.

오늘은 잠시 멈추고 내 마음을 챙기기로 했다. 집안일도 미루어 놓고 오롯이 나 혼자만의 시간을 즐기면서 말이다.

아침을 먹고, 집 근처 피부 관리실에서 전신 마사지를 받았다. 집에 돌아와서 1시간 동안 낮잠을 잤다. 그리고 편안히 책상 앞에 앉아 컴퓨터를 켜고 이런저런 이야기들을 검색했다.

그때 책상 모퉁이에 놓여있는 과자봉지가 보였다.

봉지 가운데에 노란 ' ❜ '쉼표 스티커가 눈에 띄었다.

' ❜ '를 찬찬히 들여다보니 그 모양이 숫자 '9'를 닮았고, 엄마 뱃속에서 웅크리고 있는 태아의 모습도 보였다. 어쩌면 이리도 평안해 보이는지!

❜ (쉼표). 만약에 음악이나 글에 쉼표가 없으면 어떻게 될까? 너무나 지루하고 답답할 것이다. 우리네 삶도 마찬가지다. 쉴 새 없이 앞만 보고 질주한다면 분명 사고가 발생할 것이다.

로마의 철학자 세네카는 '분주한 게으름'이라는 표현을 사용했다.

"우리는 아침에 일찍 나가 저녁 늦게 집에 돌아오는 개미 같은 삶을 살고 있다. 뭘 하며 사는지 물어도 도대체 대답을 못 한다"고 말했다. 즉, 불필요한 일에는 분주하지만 참된 삶의 의미를 찾지 못하게 되는 상황이 '분주한 게으름'인 것이다.

하루 종일 많은 사람을 만나며 분주한 시간을 보

내지만, 정작 자신과는 한 번도 제대로 만나지 못하는 것은 비극이다.

남들에게 인정받고자 지나치게 매달리면 정작 자신에게는 소홀해지고 시간을 헛되이 쓰게 된다. 이것은 단순히 시간 관리 차원에서 이야기하는 것이 아니라, '어떤 일에 시간을 쓸 것인가'라는 삶의 가치관과 직결되어 있다.

'망중한'이라는 말이 있다. '바쁜 가운데 한가함'이라는 뜻이다.

할 일 없이 무료한 것보다는 바쁜 것이 나을 수 있지만, 그 바쁨 가운데 여유가 반드시 필요하다. 바쁨은 '성공'을 추구하지만, 여유는 '성장'을 도모한다. 바쁜 가운데 공허함만이 느껴진다면 우선 멈추고 점검해야 한다.

덴마크어로 '편안함, 아늑함, 따뜻함'이라는 뜻을 가진 '휘게'는 '휘게'라고 조용히 발음하면 조용한 바람 소리가 나는 듯하다. 언뜻 들으면 친구에게 건네는 우리말 '쉬게'라는 말처럼 들린다.

    요즘 여러 가지 일로 분주한 나에게 누군가 "많이 바쁘지?"라고 묻는다면, "바쁘지 않아, 강연이 좀 많을 뿐이야."라고 대답해야겠다. 일이 아무리 많아도 마음은 잃지 않겠다는 의미다. 쉼표를 찍어 자신을 되돌아보고 '마음 챙김'을 하자. 조용히 내면을 들여다보며 여유를 가지자.

    그렇게 마음을 정리하자 마음속에 은은한 종소리가 한가롭게 울린다. 엄마 품처럼 아늑하다. 마음이 편안함으로 가득 채워지는 느낌이다.

마음 새기기

하루 종일 많은 사람을 만나며
분주한 시간을 보내지만,
정작 자신과는 한 번도
제대로 만나지 못하는 것은 비극이다.
어떤 일에 시간을 쓸 것인가?

하루 중 '나'와 만나는 시간은 몇 분?

___
___
___
___
___

제 10 화

나를 위한 휴식이
필요할 때

국자와 주걱!

행복의 주문
하나, 둘, 셋, 넷
...
우울한 사람도 지친 사람들도
행복해져라! 행복해져라!

- 커피소년 「행복의 주문」 중에서

'빨래, 끝!' '힘 좋고 오래갑니다' '한국 맛 좋다' '사람이 음악을 만들고 음악이 사람을 만듭니다' 등 주옥같은 카피 문구를 만든 최병광 카피라이터의 강연을 들었다.

    최 카피라이터는 우리에게 휴가 계획이 있냐고 묻더니, 휴가란 '쉼결'이라고 하였다.

    얼마나 멋진 표현인가! 바람결, 머릿결, 나뭇결, 피부결, 마음결, 비단결, 물결, 숨결, 등 '결' 자가 들어간 단어에서는 은은한 아름다움과 고운 향기가 배어난다.

    세상이 녹을 듯한 7월의 폭염에 숨이 턱턱 막힌다. 오늘은 강의가 없는 날! 평소에는 책과 공책을 들고 동네 커피숍으로 향한다. 시원한 아메리카노 한 잔을 시켜 에어컨 바람을 쐬며 독서삼매경에 빠지는 것이 나의 휴식이다.

    그런데 오늘은 커피숍이 아닌 특별한 곳을 가보기로 했다. 강의하랴, 집안일 하랴, 인간관계에서도 조금 삐걱거리기도 하는 요즘, 1박 2일 동안 짧은 '쉼결'을 마련하고 싶었다. 일상에서 잠시 벗어나 자연이 숨 쉬는 곳으로 나를 데려다 풀어 놓고 싶었다.

빨간 가방에 여행용품과 필기도구를 넣었다. 간단하게 짐을 꾸려 몸도 마음도 가볍게 강화도로 출발!

평일이라 그런지 차가 막히지 않았다. 마침 강화도로 가는 새로운 길이 생겨서 쌩쌩 기분 좋게 달렸다. 내 기분을 아는 듯 라디오에서 조용필의 「여행을 떠나요」가 경쾌하게 흘러나왔다.

"푸른 언덕에! 배낭을 메고~ 황금빛 태양! 축제를 여는~"

나도 목청껏 따라 불렀다. 푸르른 풀밭이 머릿속에 그림처럼 펼쳐졌다. 오늘만큼은 모든 것이 나를 위해 준비된 것 같았다.

꼬불꼬불 구석진 시골 마을. 제대로 된 이정표 하나 없는 한적한 곳에 도착했다.

강화군 양도면 도장리 시골 마을의 조그만 책방 '국자와 주걱'이다. 이곳에서는 책 읽고, 밥 먹고, 잠도 잘 수 있는 '북 스테이'를 할 수 있다.

원래는 충북 괴산에 있는 북 스테이 책방에 가려

다가 '국자와 주걱'이라는 이름에 끌려 이곳으로 왔다. 이 독특한 이름은 이웃에 사는 함민복 시인이 지어주었다고 한다. 손님이 하얀 벽에 붓글씨로 써준 '국자와 주걱'을 간판처럼 사용한다. 이야기하는 여주인의 미소는 들꽃같이 온화했다.

평상이 있는 마당을 지나 안으로 들어서니 작은 공간에 알록달록 책들이 진열되어 있다. 빼곡하게 서서 나를 반갑게 환영해주는 것 같았다. 그 공간은 '설렘'과 '쉼결' 그 자체였다.

저녁에 자연밥상이 나왔다. 호박, 고추, 두부를 넣은 된장찌개, 상추 양파 버무리, 짭조름한 무장아찌, 시원한 배추김치, 잘게 썬 토마토…. 소박한 반찬에 푸짐하게 차려진 진수성찬이다. 밥맛이 꿀맛! 자연의 맛 그대로였다.

식사 후에는 눈에 띄는 책을 입맛대로 골라 방으로 가지고 왔다. 뒹굴뒹굴 굴러다니며 읽고, 낮은 책상 위에 책을 올려놓고 읽고, 마당에 나가 나무 의자에 앉아서 읽고, 뒤뜰에 있는 흔들 그네를 타면서도 읽었다. 그렇게 하루를 보냈다.

떠나기 전 진열된 책 중에 마음에 드는 책 세 권을 골라서 샀다. '마음을 전하고 싶은 친구와 이웃에게 이 쉼터의 느낌을 선물해야지. 어려움을 겪는 사람들에게 따뜻한 이야기를 퍼주는 삶을 살아야지. 좋은 생각들이 내 주위에 사르륵 퍼져 나가도록 더욱 노력해야지.' 1박 2일의 짧은 여정이었지만 여운이 길 것 같았다.

일상으로 돌아오는 차가 가볍게 달린다. 커피소년이 부르는 「행복의 주문」 선율이 차 안에 가득하다.
"행복해져라!"
나는 좀 더 행복해졌다.

마음 새기기

단순하긴 해도 힘이 될거에요.
행복의 주문
하나 둘 셋 넷
행복해져라!

쉬는 날 하고 싶은 것은?

___
___
___
___
___

제 11 화

조급한
마음이 들 때

모도가 봄이다!

모도*가 봄이다.

山산도 봄, 물도 봄이고 사람도 봄이고 公器공기까지도 봄 公器공기이다.

그 부들업고 다사한 봄바람에 섯기어 가장 流暢유창하고

가장 平和평화로운 노래소리가 獨立門독립문 全體전체를 싸고 돈다. 그것은.

— 방정환의 소설 『유범(流帆)』 중에서

---

*모도: 현대어 '모두'의 옛말

2019년 3월. 국립어린이청소년도서관에서 전국의 사서를 대상으로 하는 강연이 있었다. 노트북과 책, 가방을 차에 싣고 일찌감치 서울로 향했다.

며칠 동안 미세먼지로 가득하던 봄이 모처럼 파란 얼굴을 드러냈다. 도로는 한적하고, 마음은 편안하다. 봄바람에 꽃내음이 향긋하게 퍼진다.

목적지 앞에는 언덕길이 있었다. 길 따라 포실한 벚꽃들이 손을 흔들며 '어서 오세요' 하고 나를 맞이해주는 것 같다.

2시간의 강연을 마치고 짐을 챙기는데 담당 선생님이 "오신 김에 전시회 보고 가시는 게 어떠세요?"라며 2층 전시장으로 안내했다. 전시장에는 3.1 운동 및 대한민국 임시정부 수립 100주년을 맞아 「모도가 봄이다: 방정환과 한국 어린이 운동」 전시가 열리고 있었다.

「모도가 봄이다!」는 3.1 운동을 소재로 한 소설 『유범』에 속해 있는 시로, 아동문학가로 유명한 방정환 선생의 작품이다. 1920년 창간된 잡지《개벽》창간호에 소설『유범』을 발표했다. 이 시는 독립을 암시하는 문구라는 이유로 삭제당하기도 했다.

3.1 운동과 방정환 선생 사이에 어떤 연결고리가 있는 것일까? 지금까지 방정환 선생은 어린이 운동을 전개하여 '어린이'라는 말을 정착시키고, 아동 잡지를 발행한 아동문학가로만 알고 있었다.

이번 전시로 '어린이를 잘 키우는 것만이 우리의 살길'이라며 어린이를 위한 사업을 독립운동과 연계했다는 것을 알게 되었다.

전시장에는 각양각색 볼거리들이 풍성했다. 벽을 따라 이어진 연표 위에는 방정환 선생의 일대기가 펼쳐졌다. 선생의 발자취를 선을 따라 함께 걸을 수 있었다.

한쪽에는 책들이 대롱대롱 매달려 있었다. 흑백인

쇄 된 옛 책들과 다채로운 색깔의 삽화가 그려진 요즘 책을 비교하며 읽는 재미가 쏠쏠했다.

곳곳에는 아이들이 체험할 수 있는 놀이도 마련되어 있었다.

가장 인상적인 것은 벽면에 빼곡히 붙어있는 글이었다. 방정환 선생의 애국정신과 어린이를 사랑하는 마음이 고스란히 담겨있었다. 이 시대 어른들에게 띄우는 간곡한 당부의 내용이었다.

"씩씩하고 참된 소년이 됩시다.
그리고 늘 서로 사랑하며 도와갑시다.
어린이는 어른보다 더 새로운 사람입니다.
속생각이 자라도록 도와야 합니다.
어린이의 생활을 항상 즐겁게 해주십시오.
어린이를 항상 칭찬해가며 기르십시오.
어린이의 몸을 자주 주의해 살펴주십시오.
희망을 위하여, 내일을 위하여 다 같이 어린이를

키웁시다.

어린이에게 책을 늘 읽히십시오."

방정환 선생의 글은 꽃처럼 아름다웠다. 나는 정성껏 공책에 적으며 다산 정약용 선생님의 글을 떠올렸다.

"나무를 애써 가꾸지 않고서, 갑작스레 꽃을 얻는 일은 절대 일어나지 않는다."

방정환 선생도 척박한 땅에 한 그루 사과나무를 심듯, 정성을 다해 어린이를 위한 글을 썼다. 언제 봄이 올지 모르는 상황에서도 꾸준히 자신이 가야 할 길을 걸었다. 그렇기에 소중한 가치와 정신이 꽃 같은 말과 글로 피어날 수 있었다.

하고자 하는 일이 마음처럼 되지 않아 조급할 때가 있다. 남들보다 뒤처지는 것 같아 불안하기도 하다.

그때는 심호흡을 한 번 하고 내가 돌아온 인생을

다시 한번 천천히 곱씹어보자.

　서두르지 말고 진실한 마음으로 차근차근 정성을 들여야 좋은 글이 된다는 다산 정약용 선생의 말을 떠올리자. 방정한 선생이 어린이들에게 온 마음을 쏟았던 것처럼 나에게 집중해보자.

마음 새기기

어린이는 어른보다 더 새로운 사람입니다.
속생각이 자라도록 도와야 합니다.

나무를 애써 가꾸지 않고서,
갑작스레 꽃을 얻는 일은 절대
일어나지 않는다.

나를 조급하게 하는 것은?

_____
_____
_____
_____
_____

제 12 화

기분 좋아지고
싶을 때

나만의 소확행

하늘 은행은 매일 매일 새 돈을 넣어준다.
그런데 그 돈은 절대 사람을 기다리지 않는다.

'어제'는 이미 부도난 수표이고,
'내일'은 불확실한 어음에 지나지 않는다.
오직 '오늘'이야 바로 쓸 수 있는 현찰이고,
나에게 주어진 선물이다.

그래서 우리는 현재를 present라고 부른다.
그리고 그 선물은 영원히 돌아오지 않는다.

오늘은 강의가 없는 날. 딸아이를 등교시킨 후 TV를 껐다. 블랙커피 한 잔을 들고 한참 동안 창밖을 바라본다. 회색빛 하늘에 사선으로 그어지는 빗줄기, 타닥타닥 비가 창문을 노크한다.

오랜만에 갖는 여유로운 날이다. 매일매일 애쓰며 살아가는 나에게 하늘이 비 오는 날을 선물로 보내주셨다.

오늘은 어떤 약속도 계획도 세우지 않으리라.

그냥 마음 내키는 대로 편하게 나를 방치하리라.

문득 '부침개!'라는 세 글자가 머릿속에 떠올랐다. '비 오는 날은 부침개'라는 공식이 있지 않은가.

얼른 냉장고 문을 열었다. 둥그런 양푼에 밀가루와 튀김가루를 섞은 후, 물을 부어가며 살살 풀었다. 여기에 부추, 오징어, 양파, 고추를 길쭉하게 썰어 넣고 약간의 소금 간을 한 후, 프라이팬에 고소한 들기름을 두르고 둥그렇게 부쳤다.

지인에게 선물 받은 빗살무늬의 황토색 토기 접시

를 꺼내어 부침개를 담았다. 고급요리 부럽지 않은 한 접시가 펼쳐졌다. 마치 호수에 띄운 달 같았다.

고소한 깨를 듬뿍 넣은 간장에 부침개를 찍어 한 입 베어 먹으니 감탄사가 절로 나왔다.

푸릇푸릇 신선한 봄이 내 몸으로 오롯이 들어왔다. 몸이 상큼하고 건강하게 바뀌는 순간이다. 며칠 동안 동에 번쩍, 서에 번쩍, 홍길동처럼 날아다녔던 나에게 스스로 따뜻한 위로를 건네는 것 같다.

역시 먹는 즐거움은 빼놓을 수 없는 행복한 감정이다. 거창한 것을 먹지 않아도 이렇게 기분이 좋다.

'소확행'은 힘든 현실 속에서 찾아낸 어쩔 수 없는 자구책일 수도 있고, 남들에게는 보잘것없는 소소함일 수도 있다.

그러나 인생은 엄청난 행운의 폭포수가 갑자기 쏟아지지 않는다. 가늘지만 꾸준한 빗줄기에 기쁨을 이어가는 과정이 행복이지 않을까. 그것은 작은 것에 감사하는 여유일 것이다.

때로는 출처를 알 수 없는 글이 마음을 울릴 때가 있다. 어느 강의에서 들은 이야기다.

아침마다 신이 우리에게 하늘 은행을 통해 86,400원을 입금 해주신다. 한 번도 어긴 적이 없다. 누구나 그 은행을 이용하고 있다.

그런데 그 계좌에 입금된 86,400원은 당일 내로 쓰지 못하면 사라져버리고 만다. 우리는 하루에 86,400원을 공평하게 부여받았지만 잘 사용하지 못하고 버려지는 돈도 꽤 있다. 그리고 절대 앞당겨 받을 수도 없다.

하늘 은행은 매일 매일 새 돈을 넣어준다. 그런데 그 돈은 절대 사람을 기다리지 않는다. 어제는 이미 부도난 수표이고, 내일은 불확실한 어음에 지나지 않는다. 오직 '오늘'이 바로 쓸 수 있는 현찰이고, 나에게 주어진 선물이다.

그래서 우리는 현재를 present라고 부른다. 그리고 그 선물은 영원히 돌아오지 않는다.

누구에게나 하루는 24시간 86,400초이지만, 시간은 상대적인 개념이 될 수도 있다. 하루를 길고 보람차게 보낼 수도 있고, 허망하게 흘려보낼 수도 있다.

흐르는 시간이 매 순간 소중한 선물이라고 생각하면 어떨까.

비가 오는, 궂은 날에도 작은 기쁨을 찾아 나에게 선물한다면 그것은 돈으로 환산할 수 없는 부유함이 될 것이다. 벤저민 프랭클린의 명언을 새기며, 나는 오늘도 행복하기로 결심했다.

"행복은 인생을 살면서 거의 일어나지 않는 엄청난 행운의 거대한 조각이 아니다. 매일 느끼는 기쁨의 작은 조각 같은 것으로 이루어져 있다"

- 벤저민 프랭클린

마음 새기기

행복은 인생을 살면서 거의 일어나지 않는
엄청난 행운의 거대한 조각이 아니라,
매일 느끼는 기쁨의 작은 조각 같은 것으로
이루어져 있다

나만의 스트레스 해소법은?

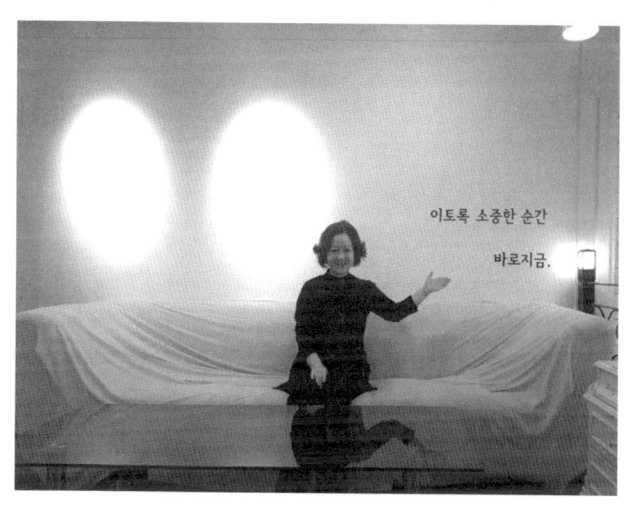

제 13 화

인생의 즐거움을
잃었을 때

당신도 행복하십시오!

자주 그리고 많이 웃는 것. 현명한 이에게 존경을 받고 아이들에게서 사랑을 받는 것. 정직한 비평가의 찬사를 듣고 친구의 배반을 참아내는 것. 아름다움을 식별할 줄 알며 다른 사람에게서 최선의 것을 발견하는 것.

건강한 아이를 낳든, 한 뙈기의 정원을 가꾸든, 사회 환경을 개선하든, 자기가 태어나기 전보다 세상을 조금이라도 살기 좋은 곳으로 만들어 놓고 떠나는 것.

자신이 한때 이곳에 살았음으로 해서 단 한 사람의 인생이라도 행복해지는 것이 진정한 성공이다.

- 랄프 왈도 에머슨 「무엇이 성공인가」 중에서

100세까지 강의 하는 것이 꿈인 나에게 롤모델이 있다. 바로, 김형석 철학자다. 얼마나 대단한 분이냐면, 찜질방에서 두 아주머니가 김형석 교수님을 칭찬하는 대화를 들을 수 정도다.

"아침에 인간극장 봤어? 세상에, 어쩌면 그 연세에 목소리도 좋고 말씀하실 때마다 귀에 쏙쏙 들어오는지!"

"그러게 말이야! 나는 노트에 아예 받아 적었다니까. 한 마디 한 마디 놓칠 게 없어. 참 훌륭하신 분이야."

2019년에 100세가 된 그는 1920년 평안남도 대동에서 태어났다. 일본 조치대학교 철학과를 졸업하고 연세대 철학과 교수 및 명예교수, 미국 시카고 대학교와 하버드대학교 연구 교수 등을 역임했다.

일제강점기와 한국전쟁, 민주화 운동기 등 한국 역사의 격동기를 겪었다. 도산 안창호 선생의 강연을 듣고 성장했으며, 윤동주 시인과 같은 반에서 공부했다. 또한 김수환 추기경의 선배이자 인촌 김성수 선생의 멘토로 많은 가르침을 주기도 했다.

그는 6시 기상, 균형 잡힌 식사, 대중교통 이용, 일주일에 이틀 수영하기, 하루에 한 시간씩 사색 및 산책하기 등 규칙적인 생활을 한결같이 지키며 살았다.

항상 미소를 띠고 있는 노학자에게도 아픔이 있었다. 평양에서 삼팔선을 넘으려고 떠나는 날이었다. 아버지께 인사하고 300미터 쯤 걸어 내려갔다. 문득 뒤돌아봤을 때 아버지는 그 자리에 그대로 있었다.

그것이 마지막으로 본 아버지의 모습이었다. 아버지에 대한 그리움을 떠올릴 때 마다 그의 눈에 눈물이 맺힌다.

지금까지 백 년을 살면서 가장 좋았던 때는 대학 교수를 정년 퇴임할 때쯤부터 바깥 사회로 나와 활동한 15년 동안이라고 했다.

정년퇴직 후에도 그의 열정은 식지 않았다. 사람들은 무엇인가를 하기에 6, 70대는 너무 늦다고 말한다. 그러나 그는 이때가 성장하기에 가장 좋은 때라고 했다. 적당히 알고, 여러 상황에 대처할 수 있는 지혜를 가지고 있는 나이다.

50권이 넘는 저서를 펴냈지만, 지금까지도 글을 쓰는 이유는 100년 동안 살아온 내공을 나누고 그 속에서 얻은 지혜를 들려주고 싶어서라고 한다. 왜 사는지, 어떻게 살아야 하는지, 삶의 의미는 무엇인지, 행복이 무엇인지…. 삶이 막막하고 공허할 때 우리는 100세 철학자에게 물었고, 그는 정직한 삶으로 대답했다.

이 시대의 현자로 불리기에 합당한 김형석 철학자의 이야기는 내 마음속 깊이 뿌리내렸다.

"행복의 비밀은 내가 좋아하는 일을 하는 것이 아니라 내가 해야 하는 일을 좋아하는 것이다" 피터팬의 저자, 제임스 베리의 명언이 문득 생각난다.

'모든 철학자의 삶은 죽음에 대한 준비' 라는 말이

있다. 죽음에 대한 준비란 무엇일까? 묻히거나 화장할 장소를 결정하고, 영정 사진을 찍어놓고, 유산 분배를 위해 유서를 미리 작성하는 등의 일이 죽음에 대한 준비일까? 현실적으로 필요한 일이지만 '죽음을 대하는 나의 태도'를 살펴볼 필요가 있다.

그 해답을 노老철학자의 태도에서 찾을 수 있었다. 나이에 대한 통념을 깨고 삶의 지혜를 일깨워주는 모습을 보면서 자신을 돌아보게 되었다. '나는 후손에서 올바른 지혜를 전달해 줄 수 있는 사람인가?' 새로운 마음가짐을 다지게 한다.

나이가 들면서 확고한 자신만의 철학을 바탕으로 유연한 태도를 보일 때 인생을 더욱더 즐겁게 살 수 있지 않을까. 잘 보낸 하루가 편안한 밤잠을 가져오듯이 후회 없이 잘 보낸 노년이 행복한 죽음을 가져올 것이다.

지금 시각은 밤 10시 15분! 6시간째 커피 한잔과 쌀과자를 먹으며 컴퓨터 앞에 앉아있다. 강연을 준비하고 글을 쓴다. 허리도 아프고 눈도 침침하다. 그러나 내가 해야 하는 일이 있고, 내가 좋아하는 일이기에 나는 즐겁다.

오늘따라 모니터 화면의 커서가 '깜박깜박' 밤하늘의 별처럼 빛난다. 행복한 희망이 반짝이는 한 노철학자처럼 빛나는 삶을 살고 싶다.

마음 새기기

행복의 비밀은
내가 좋아하는 일을 하는 것이 아니라
내가 해야 하는 일을 좋아하는 것이다

은퇴 후, 나는 무엇을 하고 있을까?

_____
_____
_____
_____
_____

제 14 화

행복을 잊었을 때

행복 전구는 언제 켜질까?

붙잡을 수 없다면
소풍가듯 소풍가듯
웃으며 행복하게 살아야지

- 추가열 「소풍같은 인생」 중에서

오랜만에 동네 대중목욕탕에 갔다. 아주머니 세 명이 수건을 목에 두르고 옹기종기 앉아 있었다. '하하 호호' 특유의 웃음소리가 들렸다.

바닥에는 훈제 계란, 귤, 떡, 고구마, 우유, 커피 등 먹거리가 사이좋게 놓였다.

그중 한 분은 안면이 있는 세신사 아주머니였다. 아주머니는 나를 보자마자 벌떡 일어나더니 인사를 건넸다.

"하이고, 우리 방글이 님 오셨네. 왜 이리 오랜만이여. 나는 방글이만 보면 기분이 좋아진다니께."

'방글이'는 내가 잘 웃는다고 붙여준 별명이다. 나도 덩달아 기분이 좋아 방글이답게 더 활짝 웃었다.

아주머니는 검은 봉지에 계란을 담아 내 손에 쥐여주었다. 반들반들 윤나는 훈제 계란 삼 남매가 다정하게 들었다. 요즘 이래저래 마음고생 하고 있었는데 아주머니가 내 마음을 토닥여주는 듯했다.

집에 돌아와서 영양 가득한 계란을 톡 깨서 입안에 넣고 오물거리는데, '아 행복하다.'라는 작은 외침이 내 안에서 들렸다.

행복 전구에 '반짝' 불이 들어오는 순간이다.

인간은 누구나 행복을 꿈꾼다. 사람마다 목적은 달라도 그 방향은 모두 행복을 향한다. 진정한 행복은 무엇일까? 어떻게 살아야 행복할까?

철학을 학문으로 체계화한 아리스토텔레스는 "행복은 삶의 의미이며 목적이다. 인간 존재의 궁극적 목표이며 지향점이다"라고 했다. 행복을 수단이나 도구가 아니라 모든 인생사가 향하는 최종종착지로 본 것이다. 나 역시 행복한 인생을 위해 지금까지 달려왔다.

그러던 어느 날, 유튜브로 심리학자 서은국 교수의 강연을 보게 되었다. 수십 년 동안 다양한 연구와 실험을 통해 조금 색다른 시선으로 행복론을 펼쳤다. 그의 강의를 듣고 행복을 바라보는 관점이 바뀌었다.

행복감은 마음의 산물이며, 행복은 삶의 최종적인 이유나 목적이 아니다. 생존을 위해 절대적으로 필요한 정신적 도구일 뿐이다. 그렇다면 행복이라는 도구는 일상에서 어떻게 작동할까?

우리는 일상에서 '유쾌하다', '기쁘다', '재미있다', '통쾌하다', '즐겁다', '신난다' 등의 '좋다'는 긍정적 정서를 가진다.

반대로 '화가 난다', '슬프다', '두렵다', '외롭다' 등의 '싫다'는 부정적 정서를 갖기도 한다. 모든 인간의 감정은 쾌 혹은 불쾌, 둘 중 하나다. 행복의 핵심은 불쾌한 감정을 줄이고 유쾌한 감정을 일상에서 더 자주 느끼게 하는 것이다. 이 쾌락의 빈도가 행복을 좌우한다. 중요한 것은 강도가 아니라, 빈도다.

행복은 작은 전등과 같다. 미묘하게 반짝이는 작은 전등을 많이 준비하고, 일상의 소소한 행복으로 전구의 스위치를 켤 수 있는 심적 여유를 갖는 것이 중요하다.

나의 행복 전구는 매일매일 반짝거린다.

◆ 내가 만든 갈비찜을 맛있게 먹는 딸아이를 볼 때.
◆ 강연 후 노트북을 정리하는데, 청중 한 사람이 다가와서 엄지 척을 할 때.
◆ 나에게 지도받은 보육교육원 교사들이 무대 위에서 멋지게 활약하는 모습을 볼 때.
◆ 가스 검침원이 내가 건넨 두유 한 팩을 맛있게

마실 때.

♦ 오래전, 내 강연을 들었던 분이 인재개발원 원장이 되어 내게 강연 요청을 할 때.

♦ 드라마 '동백꽃 필 무렵'을 보면서 감동의 눈물을 흘릴 때.

♦ 상담 후 마음이 편안해졌다고 내게 문자를 보냈을 때.

♦ 멀리, 천안에서 한 청년이 내 책을 읽고 사인받으러 왔을 때.

♦ 한 달에 두 번 태국 마사지 받을 때.

✦

늦은 밤, 컴퓨터 앞에 앉아 글을 쓰는데 핸드폰 벨이 울렸다. 옥자였다.

"옥자야 내가 지금 행복에 대해서 글 쓰고 있는데, 너는 언제 행복해?"

"음, 남편이랑 낯선 곳으로 여행 갔을 때 행복했어.

바다가 있는 곳도 좋고. 아무튼, 새로운 곳에 가는 것이 좋아."

"또 언제 행복해?"

"우리 음악 밴드 친구들과 노래 부를 때. 신나고 즐겁지."

"또?"

"맛있는 음식 먹고, 이야기 나눌 때. 며칠 전 우리 만나서 갑오징어랑 불고기 먹었잖아. 수다 떨고…. 그때 행복했어."

우리의 통화는 시간 가는 줄 모르고 이어졌다.

서은국 교수의 행복 강연 중 가장 인상적이었던 말이 영롱한 전구처럼 환하게 떠올랐다.

"행복의 핵심을 한 장의 사진에 담는다면, 좋아하는 사람과 함께 맛있는 음식을 먹는 장면입니다."

행복을 너무 거창하게 바라볼 필요가 없다. 행복은 인생의 최종 목표가 아니라 매일 스스로 만들어나가는 여정이다.

마음 새기기

어차피 한번 왔다 가는 걸
붙잡을 수 없다면
소풍가듯 소풍가듯
웃으며 행복하게 살아야지

맛있는 음식을 함께 먹고 싶은 사람은?

제 15 화

부정적인 생각만
계속 들 때

긍정을 훈련하라!

첫째, 생각하는 힘.
사람은 자신이 품는 생각의 크기만큼 성장한다.

둘째, 변화의 힘.
나를 변화시키면 세상도 변화시킬 수 있다.

셋째, 오늘의 힘.
오늘을 집중하면 인생에서 성공을 끌어낼 수 있다

넷째, 열정의 힘.
열정은 인간을 역동적으로 만든다.

- 존 맥스웰이 말하는 '네 가지 힘'

하늘이 뚫린 것처럼 폭우가 쏟아지는 9월. 라디오 일기예보가 참 정확했다. 전국적으로 비 소식이 있다고 하더니, 충청도 지역에는 호우 경보까지 내렸다.

대전에서 저자 특강을 마치고 돌아오는 저녁 길은 암담했다. 날은 어두워지는데 빗줄기는 더 거세졌다. 와이퍼는 쉴 새 없이 분주한데 차들은 거북이걸음이다. 모두 비상등을 깜박이며 조심하라는 신호를 보낸다. 운전하는데 앞이 잘 보이지 않아 위험했고, 너무 무서웠다. 얼마나 무서웠던지, 지금도 기억이 생생한데, 일단 긴장된 어깨에 힘을 빼고 긴 호흡부터 했다. 그리고 나에게 주문을 걸듯 중얼거렸다. '괜찮아' '좋아' '잘하네' '고마워' '사랑해' 내 안에 있는 밝은 말들을 두레박으로 샘물을 퍼 올리듯 계속 퍼 올렸다.

드디어 마음이 조금씩 안정되고 떨리던 다리도 편안해졌다. 경기도 안성 부근을 지날 때쯤 비도 서서히 잦아들었다. 우여곡절 끝에 180km 거리를 4시간 30분 만에 달려 무사히 귀가했고, 다음 날 서울 강연도 잘 해냈다.

긍정심리학자 바버라 프레드릭슨은 부정적인 감정과 단어를 접할 때 사람의 사고력이 협소해지는 경향이 있지만, 긍정적인 단어로 기쁜 감정을 표현할 때에는 인식능력을 비롯한 모든 사고력이 확장된다고 이야기했다. 한 마디로 긍정 정서는 삶에 대한 의욕과 활력을 불어넣어 자신이 하는 일에서 자긍심과 만족감을 체험하도록 한다는 것이다.

긍정 정서가 지배하는 사회일수록 행복지수가 높다. OECD 국가 중 한국의 행복지수가 하위권을 맴돈다는 것은 결국 사회적 긍정 정서가 부족하다는 것을 의미한다. 긍정적인 면보다도 부정적인 요소가 더 많다는 증거다. 행복을 위해서는 '긍정 정서'를 의식적으로 경험하려는 노력과 '마음의 힘'을 충전시키는 훈련이 필요하다.

요즘 좋아하는 한자성어가 있다.
'소욕지족少慾知足과 소병소뇌少病少惱'다. '적은 것으

로 만족할 줄 알며, 적게 앓고 적게 걱정하라.'란 의미다.

일상의 사소함으로 긍정 정서를 키울 수 있지 않을까. 오늘 하루 동안 자신에게 일어난, 작지만 좋은 일 세 가지 정도 떠올려 보는 것도 좋을 것이다.

1. 학원이 끝나고 딸아이가 엄마와 시간을 보내기 위해 집에서 저녁을 먹은 것
2. 단골 커피숍에 갔는데 쿠폰 도장 15개 찍었다며 공짜로 아메리카노 한 잔을 받게 된 것
3. 여동생이 동네 미용실에서 내 책 사진을 발견하고 사진과 독자 후기를 알려준 것

이번에는 안 좋았던 일들을 떠올린 후 '다행 타령'을 읊조린다.

1. 설거지하다가 아끼던 코렐 접시를 깨뜨렸는데 하나만 깨져서 다행이다.

2. 7주 교육 프로그램에 10명이 접수되어 실망했는데, 참석자들의 이야기를 충분히 경청할 수 있어서 다행이다.

3. 전국 시 낭송대회 예선전 탈락 소식에 속상했는데, 연습을 더 많이 하는 계기가 되어 다행이다.

살면서 크고 작은 어려움과 고통을 만난다. 가족이나 친구에게 말할 수 없을 정도로 정신적·육체적·경제적 고통을 안고 살아야 할 때도 있다.

어려운 시기를 견디는 방법엔 무릎 꿇고 절망하는 것과 맞서서 이겨내고 희망으로 승화시키는 것, 대체로 두 가지다.

어떤 사람이 교수에게 질문했다.

"교수님, 제 고통을 모두 없애줄 수 있나요?"

교수는 이런 질문을 받을 때마다 이렇게 대답한다고 했다.

"왜 항상 그런 태도로 고통을 대하나요? 고통도 인생의 일부입니다. 고통 속에서 배울 수 있는 것도 아주 많아요. 인생은 우리가 가장 고통스러운 순간을 통해 성숙해집니다."

이 짧은 대화 속에 긴 울림이 있다. 이제부터는 고통까지도 내 삶으로 받아들이고, 긍정의 눈으로 바라보자. 고통은 나를 발전시키는 원동력이며 내 그릇을 더 크게 만드는 기회가 될 수 있으니까.

세계에서 가장 영향력 있는 리더십 권위자 '존 맥스웰'은 모든 감정을 긍정적으로 대응하는 법을 제안했다.

긍정적 마음을 가지자, 신세한탄 하지 말자, 타인이 나를 결정짓게 하지 말자, 어쩔 수 없는 것에 힘쓰지 말자, 똑같은 실수를 반복하지 말자, 좋은 일 나쁜 일에 휘둘리지 말자, 고난을 받아들이고 그 속에서 성장하자.

긍정적인 사람은 '마음 부자'다. 그들은 어떤 상황

에서도 행복을 찾아내고, 만들어내는 사람들이다. 긍정은 의식적이든, 무의식적이든, 습관처럼 몸에 배어야 한다. 일상 속에서 꾸준한 훈련이 필요하다.

폭우가 쏟아져도 맑은 샘물은 늘 싱그럽다.

부디 '긍정 훈련'으로 행복한 샘물을 퍼 올리시길!

마음 새기기

소욕지족, 소병소뇌

오늘 감사한 일은?

_____
_____
_____
_____
_____

오늘 다행인 일은?

_____
_____
_____
_____
_____

제 16 화

따뜻함이
필요할 때

그래도 희망하라!

"난 평화의 촛불이야. 세상이 분노와 싸움으로 가득해."

첫 번째 촛불이 그렇게 탄식하곤 스러집니다.

두 번째 촛불도 한 마디하고 스러집니다.

"난 믿음의 촛불이야. 없어선 안 될 촛불인데 이젠 아냐."

"난 사랑의 촛불이야. 사람들은 내가 왜 중요한지 알지 못해서 나를 쉽사리 치워놓아."

세 번째 촛불도 스러집니다.

마침 방에 들어온 아이가 꺼진 양초들을 보더니 울음을 터뜨립니다.

지켜보던 네 번째 촛불이 나섭니다.

"난 희망의 촛불이야. 아직 나는 타고 있어서 다른 양초들을 밝힐 수 있지. 희망을 잃지 않으면 평화·믿음, 사랑의 촛불을 지킬 수 있어."

- 해외 인터넷 「네 개의 촛불」 중에서

내가 사는 아파트 상가 건물 2층에 커피 도서관이 있다. 커피를 마시며 독서를 할 수 있어서 자주 가는 곳이다. 그 옆에는 '송도 좋은 교회'라는 작은 교회가 있는데 항상 지나치면서 간판 인사만 나눴다.

11월 셋째 주 일요일은 평소 다니던 교회가 아닌 '송도 좋은 교회'로 발걸음을 옮겼다. 딸아이와 성경책을 들고 교회로 향했다. 교회 안으로 들어서자 은은한 조명과 아름다운 선율이 우리를 반겨주었다.

'빛이 되는 사람'이라는 주제로 목사님의 설교가 시작되었다. 인간사회에는 등급이 있다며 나는 어떤 등급에 해당하는지, 어떤 모습으로 살아가고 있는지 잘 생각해 보라고 하셨다.

첫째, 어둠을 만들어내는 사람이 있다. 악을 행하고, 사회를 어지럽히고, 질서를 무너뜨리고, 자신과 타인을 헤치는 사람

둘째, 어둠 속에 묻혀 사는 사람이 있다. 어둠인 줄 알면서도 묵인하는 사람, 어둠이 자신에게 유익하다고 여겨 머무는 사람.

셋째, 빛 속에 안주하는 사람이 있다. 남이 만들어 놓은 빛 속에서 안주하며 스스로는 빛을 만들어내지 못하는 사람.

넷째, 빛이 되는 사람이 있다. 삶의 모습으로 빛을 내는 사람, 깨달음으로 그치지 않고 세상에서 눈먼 자들의 눈을 밝히는 사람, 갇힌 자를 끌어내고, 흑암에 앉아있는 자들을 나오게 하는 사람.

목사님은 어릴 때부터 소아마비를 앓아 힘들게 살

아왔다고 한다. 어머니의 헌신적인 사랑 덕분에 희망과 용기를 잃지 않았다는 이야기를 들려주었다. 어머니가 그에게 빛이 되는 사람이었다. 현재 목사님은 불편한 몸으로 아프리카 지역에서 선교 활동을 하며 사랑을 몸으로 실천하고 있다. 어머니를 닮아 빛이 되는 사람이 된 것이다.

많은 이들에게 빛이 되는 또 한 분이 있다. 바로, 故 강영우 박사님이다. 故 강영우 박사는 1944년 양평에서 태어났다. 14살 때 축구공에 맞아 실명한 후, 모친은 생계유지를 위해 일하다 과로로 세상을 떠났고, 누나는 병에 걸려 일찍 생을 마감했다. 가족을 모두 잃고 고아가 되었다.

아내의 헌신적인 도움으로 남을 위해 살아야 한다는 자신의 사명을 깨달았다. 연세대학교를 졸업하고 아내와 미국으로 건너가 피츠버그대학교에서 교육학 박사 학위를 취득했다. 1976년, 한국 최초로 시각장애인 박사가 되었다.

내가 다니는 교회에도 故 강영우 박사님이 초청된 적이 있다. 그때 들려주셨던 말씀을 작은 노트에 빼곡하게 적고, 기억하기 위해 수시로 읽고, 책도 샀다. 그 덕에 인상적인 구절을 많이 외운다.

'당신을 지배하는 생각의 장애, 마음의 장애, 영의 장애를 뛰어넘어라.'

'장애는 누구에게나 찾아올 수 있으며 그것은 저주가 아닌 축복이 될 수 있다.'

'우리는 오늘도 더 좋은 세상을 만드는 꿈을 향해 한 걸음 한 걸음 나아가야 한다.'

'장애를 극복하여 축복으로 만든 사람들의 삶에는 거룩한 위대함이 담겨있다.'

'희망은 자신이 가진 지극히 작은 것 하나라도 다른 사람을 위해 내어놓을 때 이뤄진다.'

'우리는 누군가의 지팡이요, 등대가 되어야 한다.'

지금까지 이토록 해맑은 얼굴을 본 적이 없다.

췌장암 말기라는 상황 속에서도 그는 결코 누군가를 원망하지 않았다. 참된 삶의 모습으로 전하는 그의 희망 메시지는 내 마음속에 어록이 되어 영원히 살아남을 것이다.

책상 위에는 생의 마지막 힘을 다해 세상에 희망의 메시지를 전한 故 강영우 박사님의 책이 있다. 반짝반짝 빛나는 이름표를 달고서….

마음 새기기

당신을 지배하는 생각의 장애
마음의 장애
영의 장애를 뛰어 넘으라.

우리는 오늘도
더 좋은 세상을 만드는 꿈을 향해
한 걸음 한 걸음 나아가야 한다.

마음이 따뜻해진 순간은?

_____
_____
_____
_____
_____

제 17 화

사랑이
그리울 때

찔레꽃, 왜 나를 울리나

> 엄마 일 가는 길에 하얀 찔레꽃
> 찔레꽃 하얀 잎은 맛도 좋지
> 배고픈 날 가만히 따먹었다오
> 엄마 엄마 부르며 따먹었다오
>
> — 이연실 「찔레꽃」중에서

뮤지컬 '하모니'를 보기 위해 세종시 세종문화예술회관으로 차를 몰았다.

2010년에 개봉했던 영화 '하모니'를 감동적으로 봤는데 그것을 뮤지컬로 각색했다니, 기대에 찬 마음이 풍선처럼 부풀어 올랐다. 서둘러 예매해서 맨 앞 좌석을 차지하였다. 무대 위에서 열연하는 배우의 목소리, 풍부한 감정, 미세한 표정, 생생한 호흡까지도 흠뻑 느낄 수 있기에….

아쉽게도 함께 가기로 한 후배에게 갑자기 일이 생겨 서울에서 세종시까지 140km의 장거리를 혼자 가야 했다. 예매를 취소할까, 몇 번을 주저했지만 모처럼 '혼연혼자 연극'도 괜찮을 것 같다는 생각이 들었다. 요즘 혼밥, 혼술, 혼행 등 혼자서도 즐기는 시대가 아닌가.

오후 3시 공연인데 1시간 30분이나 일찍 도착했다. 근처에 있는 식당에서 얼큰한 순두부찌개로 허기를 채웠다. 예쁜 카페에서 따뜻한 커피를 마시고, 공연장 주변을 산책했다. 초록 나무, 단풍나무, 까치, 참새를 만나고 오가는 사람들도 살피고, 노래도 흥얼거리며 여유로운 시간을 가졌다. 지난 한 달 동안 강의

하랴, 글 쓰랴, 김장하랴, 이런저런 애경사 챙기랴. 눈코 뜰 새 없었는데. 얼마 만에 누려보는 호사인지!

드디어 공연이 시작되었다. 콘서트를 방불케 하는 열기, 노래, 춤 그리고 다채로운 이야기가 휴식 시간 없이 이어졌다.

살인자들이 수감 된 청주 여자 교도소 5호 방. 임신한 채로 형을 살게 된 정혜는 수감생활 중 아들 민우를 출산한다. 교도소 규율에 따라 18개월이 지나면 민우를 다른 곳으로 보내야 하는 정혜는 아이와의 하루하루가 소중했다.

정혜는 우연히 본 외부 합창단의 공연에 큰 감명을 받아 교도소장에게 합창단 결성을 제안한다. 소장은 수감자들의 정서에 좋다며 찬성하게 되고, 이 합창단에 5호실 동료 전원이 동참한다.

의처증 남편의 폭력에 맞서 배 속의 아이를 지키려다 남편을 죽게 한 정혜, 고리채로 피를 말리는 사채업자를 살해한 밤무대 가수 화자, 기술을 걸어 레슬링 감독을 죽게 한 전직 프로레슬러 연실, 믿었던 제자와 남편이 바람피우는 것을 목격하고 이들을 살해한 음대 교수 문옥, 어려서부터 성폭행을 해온 의부를 살해한 음대생 유미. 저마다의 아픈 사연을 간직한 5호 방 식구들이 모여 하모니 합창단을 만들었다.

세상에 나갈 용기도, 누군가에게 용서를 빌 자신도 없었던 그녀들은 함께 노래하고 춤춘다. 서로의 이야기에 귀 기울이며 조금씩 삶의 화음을 맞춰가기 시작한다. 그녀들의 노래가 행복하게 울려 퍼진다.

입양 날이 다가왔다. 아이를 보내고 돌아와 몸져 누워있는 정혜에게 문옥은 "죽고 싶고, 울고 싶어도 웃어라. 니가 웃어야 니 자슥이 웃는다"며 달랜다. 문옥 품에 안겨 우는 정혜의 흐느낌 속에 '엄마'라는 단어가 섞여 있었다.

극 중 가장 기억에 남는 노래는 「찔레꽃」이다.

엄마 일 가는 길에 하얀 찔레꽃
찔레꽃 하얀 잎은 맛도 좋지~

노래를 듣고 있노라면, 어린아이의 모습이 그림처럼 그려진다. 일 나간 엄마를 홀로 기다리며 허기를 달래기 위해 찔레꽃을 따 먹는 아이…. 그 위로 엄마의 모습이 달처럼 떠오른다. 그리움에 밀려 눈물이 쏟아졌다.

참 슬프고, 아름답고 따뜻한 그녀들의 이야기는 감동 그 자체였다. 찔레꽃은 '고독' '가족에 대한 그리움'이라는 꽃말을 가지고 있다. 떠나간 아들을 그리워하는 정혜의 정서를 극대화한 최고의 노래 같다.

집으로 돌아가는 길. 휴게소에서 따끈한 우동을 먹으며 문옥 역할의 윤복희 씨 인터뷰 기사를 읽었다.

"'하모니'가 가지고 있는 베이스가 있어요. 사랑이에요." 라고 했다.

매달 첫째, 셋째 주 금요일. 한 달에 두 번 청주교도소에 간다. 제소자 한 사람 한 사람을 온전히 이해할 수는 없다. 이해하기보다는 함께 느끼며 다만 사랑할 뿐이다.

이번에 갈 때는 페퍼민트 오일을 가지고 갈 것이다. 그들의 상하고 다친 마음, 깨진 마음에 조금이라도 위로가 되게 향기를 나누고 싶다.

미세먼지가 걷힌 파란 하늘이 보고 싶다.

마음 새기기

죽고 싶고, 울고 싶어도 웃어라
내가 웃어야 내 자속이 웃는다

내가 느끼는 사랑이란?

_____
_____
_____
_____
_____

제 18 화

마음이 답답할 때

우리는 하나

기쁠 땐 기쁨을 하나로
슬플 땐 슬픔을 하나로
함께 하는 길 행복하여라

- 정훈희, 김태화 「우리는 하나DUET」 중에서

인천의 작은 복지관에서 '문학 치유'라는 주제로 수업을 진행했다. 약 3개월 동안 진행하는 이 강의는 일회성 특강과는 다르게 긴 호흡이 필요했다.

시, 에세이, 노랫말, 영화·드라마의 대사, 동화 등 다채로운 문학적 소재를 통해 자신의 마음을 살피고

이야기하며 치유한다. 버나드 쇼의 말처럼 우리는 거울을 통해 자신의 외면을, 예술 작품을 통해 자신의 내면을 보게 될 것이다.

　수강생은 7명의 시각장애인과 신부전증을 앓는 1명이다. 처음에는 문학으로 자신을 성찰하는 활동이 생소하고도 어색한지 시큰둥했다. 좋아하는 시를 준비해 오라는 과제를 냈을 때 대놓고 못 하겠다고 하는 수강생도 있었다.
　그러나 3~4회 수업이 거듭될수록 마음의 빗장을 하나씩 풀기 시작했다. 드디어 오랫동안 굳게 닫혔던 문에, 문을 당겨 열 수 있는 작은 문고리가 생겼다.

　음악과 함께 시를 음미하면서 각자 생각에 잠겼다. 시를 감상한 후에 나는 깊숙이 박혀있던 어린 날의 상처 하나를 끄집어 내보였다.
　그러자 한 사람씩 자연스레 자신의 상처와 아픔을 끌어냈다.

"저는 30세에 녹내장 수술을 받다가 시력을 잃었는데, 단란했던 우리 집 분위기가 그때부터 서서히 변하기 시작하더군요. 남동생 결혼식 날짜를 잡고 나서 어머님이 제 방에 들어오시더니, 손에 지폐를 몇 장 쥐여주시며 집을 나가라고 했어요. 집에서 쫓겨나와 시외버스 안에서 「목석같은 사나이」라는 노래를 들으며 얼마나 눈물을 쏟았는지 몰라요. 이제 나이 60을 넘겼으니 벌써 30년이 흘렀네요."

"저는 늦둥이로 태어났어요. 그래서 언니, 오빠들과 나이 차이가 크게 나지요. 초등학생 때, 어머니는 저를 데리고 어딘가 가고 있었어요. 그때 어떤 아주머니가 '이 아이는 딸인가요?'라고 묻자, '아, 아니요 어디서 그냥 주워 온 아이예요. 제 딸 아니에요.'라며 저를 부인했어요. 엄마의 그 말은 50년 동안 제 마음 깊이 대못처럼 박혀있답니다."

"신부전증에 걸려 절망 가운데 있었는데 그 와중

에 남편이 저와 친했던 친구랑 바람이 났더군요. 보험금 탄 것도 남편이 갖다 쓰고, 도저히 살 수가 없었어요. 그래서 자살 기도를 세 번이나 했는데, 모두 실패했지요. 죽는 것도 마음대로 안 되더군요. 그런데 오늘 제가 안 죽길 잘했다는 생각을 처음으로 했어요. 지금도 몸과 마음이 다 많이 아픈 상태이지만 이제 잘 살고 싶어요."

"내 인생에서 가장 슬프고 아팠던 때는 시각장애인 판정을 받은 날이었어요. 나이 40에 백혈병을 앓다가 시력을 잃었어요. 병원에서 시각장애라는 청천벽력 같은 소리를 듣고 저는 오열했어요. 남편과 어린 두 아들 앞에서 '이제 죽을 거야. 눈도 보이지 않으니 모든 게 끝이야. 한 치 앞도 걸을 수가 없어. 내 가족을 위해 아무것도 할 수가 없게 되었어. 난 장애인이야! 차라리 죽는 게 나아.'라고 소리치며 울었어요.

그때 초등학생이었던 큰아들이 '엄마, 죽지 마세요. 엄마는 우리를 볼 수만 없는 거예요. 우리를 만질 수도, 목소리를 들을 수도 있잖아요. 그리고 우리를 안아줄 수도 있어요. 엄마 사랑해요.' 이러더군요. 아, 미안해요. 더 이상 말을 못 하겠네요."

"저는 선천성 시각장애인이에요. 그 시절만 해도 마을에 장애가 있는 아이의 집은 저주받았다고 여겨서 드러내 놓고 아이를 키우지 못하던 때였어요. 지금까지 살면서 주변에서 들은 크고 작은 말의 상처들이 제 삶에 화살처럼 박혔지요. 그런데 세상에는 저보다 못한 장애가 있는 사람이 참 많아요. 마음의 소리를 듣지 못하는 청각 장애인. 자신의 길을 제대로 걷지 못하는 보행 장애인. 모든 것을 삐딱하게만 보는 시각장애인. 거친 욕을 쏟아내는 언어 장애인들이요. 저는 장애인이 아니에요. 시력에 문제가 조금 있을 뿐이지요."

마음 한편에 통증이 밀려왔다.
이분들은 드라마보다 더 드라마 같은 사연을 품고

사셨구나. 몸도 불편한 데 마음에도 이토록 큰 고통이 가득했구나. 그동안 얼마나 많은 눈물을 흘리셨을까.

우리는 피고름 같은 사연을 쏟아내며 한마음으로 울었다. 어두운 눈에서 뜨거운 눈물이 계속 흘러내렸다. 모든 상처가 눈물과 함께 흘러나가 치유되기를 모든 신께 간절히 기도했다. 서로가, 서로의 눈물을 볼 순 없었지만, 우리의 눈물은 한 마음속에 흘러넘쳤다.

그날 이후, 우리는 보이지 않는 굵고 단단한 동아줄로 연결된 듯했다. 12주 동안 동병상련하며 동고동락하였다. 서로의 마음을 감싸고, 위로하고, 응원해 주었다.

마지막 수업 시간에 임원순·박옥자 씨가 「우리는 하나」라는 노래를 불러 대미를 장식했다. 수료증을 건네며, 나는 마음과 몸으로 한 사람 한 사람 안아주었다. 뜨거운 감동이 가슴에서 가슴으로 이어졌다.

육안으로 세상을 보는 것이 감사한 일이라는 것을

이분들에게 배웠다. 보이지 않는 것을 심안으로 보는 지혜의 중요성을 깨달았다. 덕분에 참으로 충만한 시간을 보냈다.

마음 새기기

우리는 피고름 같은 사연을 쏟아내며
한마음으로 울었다.
서로의 눈물을 볼 순 없었지만,
우리의 눈물은 한 마음속에 흘러넘쳤다.

털어내고 싶은 이야기가 있다면?

_____
_____
_____
_____
_____

제 19 화

사는 것이
어렵다고 느껴질 때

세상에서 가장 아름다운 편지

맥스야!

우리는 너를 사랑하며, 너와 모든 어린이에게 더 나은 세상을 남겨주기 위한 엄청난 책임감을 느끼고 있어. 우리는 다음 세대의 모든 어린이를 위해 더욱 좋은 세상을 만들어야 할 도덕적 책임이 있지.

그러나 우리는 다음 세대가 직면할 문제에 집중하지 않고 있어. 엄마와 아빠는 다음 세대 모든 어린이의 잠재력과 평등 증진을 위해 '챈 저커버그 이니셔티브'를 만들어 교육 증진, 질병 치료를 위한 강한 커뮤니티 형성을 위해 노력할 것이란다.

- 「Dear. Max」중

오래된 노트와 서류를 정리하다 내 시선을 멈추게 한 글이 있다. 페이스북 최고 경영자 마크 주커버그와 소아과 전문의 프리실라 챈 부부가 갓 태어난 딸 맥스에게 보내는 편지글이다. 매우 감동적이어서 글 앞머리에 중요 기호도를 표시해 두었던 내용이다.

여러 번의 유산 끝에 가진 아이, 더구나 추수감사절 주에 태어났으니 부부는 매우 흥분되고 기쁜 마음으로 편지를 써 내려갔을 것이다. 페이스북 게시물을 통해 출산 소식을 세상에 알리고 딸에게 보내는 편지를 공개했다. 이 아름다운 편지는 한 편의 예술 작품과도 같아서 내 마음을 부드럽게 만져주며 치유케 했다. '너를 사랑해서이기도 하지만 다음 세대 모든 어린이를 위한 도덕적 의무이기도 하다'고 말한 부분에서 큰 울림을 받았다.

그들은 '챈 저커버그 이니셔티브'를 설립할 것이라고 말했다. 이 사업은 개인화된 맞춤형 학습하기, 질병 치료 사람들 연결하기, 강한 공동체 만들기 등에

초점이 맞춰질 것이라고 했다. 이들은 보유 중인 페이스북 지분 중 99%를 살아있을 때 이 기관에 기부할 것이라고 밝혔다.

부부는 '우리가 사는 세상보다 더 나은 세상에서 네가 살아가기를 바란다.'며 세상을 더 좋은 곳으로 만들기 위해 노력하겠다고 다짐했다. 세상에서 가장 아름다운 비전과 약속의 편지였다.

☆

우리나라에도 자랑스러운 기부 천사로 널리 이름을 날린 유명인이 있다. 바로 가수 '션'이다. 얼마 전 내가 다니는 교회에 그가 초청되어 강연을 들었다. 그의 이야기에는 '이웃을 위한 나눔이 가져다준 행복'으로 가득했다.

배우 정혜영과 결혼한 다음 날 하루 1만 원씩 이웃을 위해 모으기로 약속했고, 그 기부는 지금까지 이어졌다. 해외 아동 몇 명을 후원하던 부부는 국내 아동 100명, 아이티 아동 100명, 북한 아동 500명 등 1,000명의 아이와 손을 잡았다. 지금까지 기부액도 45억 원에 달한다고 한다.

"집에 돌아가면 가족들에게 사랑한다고 얘기해 보세요. 우리 가정의 행복을 집안에 담아두지 말고 이웃에게 나눠주세요. 이웃의 손을 잡아 보세요."라는 말이 가장 따뜻하게 와닿았다.

자신의 사업이 사회를 좀 더 나은 곳으로 만들어 간다는 자부심. 우리가 태어난 이 시대를 좀 더 나은 곳으로 만들고 싶다는 꿈. 그들이 세상에 미친 선한 영향력으로 더 나은 내일이 펼쳐지지 않을까. 그런 그들의 모습이야말로 성공한 삶이자, 가장 행복한 삶이지 않을까. 나도 내가 가진 행복을 더 나누어야겠다. 다음 달부터 아동단체 '부스러기'에 아이 한 명의 손을 더 잡아주어야겠다.

더 나은 내일을 꿈꾸며.

마음 새기기

우리 가정의 행복을
집안에 담아두지 말고
이웃에게 나눠주세요

미래 아이들에게 남기고 싶은 것은?

_____

_____

_____

_____

_____

제 20 화

어린 시절의 상처가
남아있을 때

이윽고, 아이는 어른이 된다

어두운 비 내려오면
처마 밑에 한 아이 울고 서 있네
그 맑은 두 눈에 빗물 고이면
아름다운 그이는 사람이어라

- 김민기 「아름다운 사람」 중에서

"선생님 저 박민주라고 하는데 기억 못 하실 거예요. 작년에 보육교사교육원에서 선생님 강의 들었어요. 마음이 너무 아파서 심리상담소를 찾다가 갑자기 선생님이 생각났어요. 저 좀 만나주실 수 있을까요?"

박민주 씨와의 만남은 이렇게 시작되었다. 우리는 카페에서 마주 앉았다. 그녀는 눈물을 머금은 채 어린 시절 이야기를 풀어내었다.

"아빠는 알코올 중독자였어요. 그래서 여동생과 저의 일상은 늘 불안과 공포의 연속이었어요. 아빠는 허구한 날 술에 취해 들어와서 엄마를 마구 때렸어요. 맞으면서도 엄마는 그 모습을 우리에게 안 보이려고 우리를 방으로 밀어 넣었지요. 울고 있는 동생을 안고 엄마의 비명을 들어야만 했어요. 마치 내가 맞는 듯 내 몸도 계속 아팠어요. 끔찍했어요.

심한 매질과 욕설에 견딜 수 없었던 엄마는 끝내 집을 나가버렸어요. 그때부터 아버지 분노의 대상은 우리가 되었어요.

어느 날, 술에 취한 아빠는 비장한 표정을 지으시더니 부엌에서 칼을 꺼내오셨어요. '우리 다 같이 죽자. 나는 도저히 너희를 키울 자신이 없다.' 그러시더니 우리 앞에 칼을 탁 꽂았어요. 동생은 무서워서 벌

벌 떨며 울었어요. 저는 초등학생이었지만 늘 첫째 딸이라는 무거운 책임감을 지고 살았어요. 동생을 지켜야겠다는 마음에 아빠의 한쪽 다리를 붙잡고 매달렸어요."

애써 참으며 이야기를 이어가던 그녀가 갑자기 펑펑 울기 시작했다. 그때 그 시각, 그 장소에 있는 듯 내 가슴 한편이 저려왔다.

"괜찮아요. 천천히 이야기해요. 다 들어줄게요."

"저는 울면서 말했어요. '아빠 살려주세요. 아빠 말 잘 들을게요. 뭐 사달라고 하지 않을게요. 먹고 싶은 거 있어도 말 안 할게요. 제발 저희를 살려 주세요.' 울며불며 매달리자 아빠는 그제야 칼을 부엌에 갖다 놓았어요."

온몸을 기울이며 그녀의 이야기를 들었다. 내가 해 줄 수 있는 것이 없다는 생각에 참지 못하고 울음을 터트렸다. 우리 눈에서 굵은 비가 쏟아져 내렸다. 누군가에게 한 대 얻어맞은 듯 머리가 멍해졌다. 한참 후에 겨우 무거운 입을 열었다.

"고마워요. 나를 믿고 힘든 이야기를 다 말해줘서…. 그리고 모진 시간 잘 견디고 여기까지 와줘서요. 어린 시절 힘들었던 마음을 남편에게도 조금씩 풀어놓으세요. 그래야만 해요. 그리고 무의식 속에 박혀있는 과거의 쓴 뿌리를 내 의지로 뽑아내겠다는 강한 마음을 가져야 해요. 이대로는 안 돼요. 민주 씨에게도, 남편에게도. 화가 저 밑바닥에서 차고 올라올 때마다 '멈춰!'라고 외치세요. 그 화를 멈춰야 해요. 그 '멈칫' 한 번이 굉장히 중요해요. 하루아침에 확 달라지지 않아요. 그러나 '멈칫'이 하나씩 하나씩 늘어나고 모여서 변화가 일어나는 거예요."

그녀는 결혼 1년 차 신부이다. 한참 깨소금 볶을 때인데 아빠에 대한 분노가 남편에게 표출되고 있었다. 자기도 모르게 칼을 들고 '나 죽을 거야! 나 죽을 거야!'라는 말이 격한 감정과 함께 나온다고 했다.

젊은 남편은 사소한 일에 불같이 화를 내며 죽는다고 소리치는 아내를 감당하기 어려웠을 것이다. 행복할 줄 알았던 결혼생활에 파탄 위기가 왔다고 했다.

그러나 그녀는 남편을 사랑한다고 했다. 작은 일에도 감정이 화산처럼 폭발해서 분노 조절이 안 되는 자신이 무섭다고 했다.

어린 시절의 상처는 때때로 성인이 되어 드러나기도 한다. 부모에게 받았던 상처와 아픔을 다른 사람에게 화풀이하듯 토해내는데 이것은 '애정 결핍'에서 나온다. 어린 시절 부모에게 받아야 하는 사랑과 지지가 충족되지 못하면 성장하여 우울증이나 공황장애, 강박증, 불안장애 등 정신질환을 겪게 되는 경우가 많다.

민주 씨도 그렇다. 어린 날의 치유되지 않은 상처가 심층 심리 속에 내재 되었다가 남편을 향해 터져 나온 것이다.

만난 지 10일 후, 그녀에게서 웃는 이모티콘과 함께 문자가 왔다.

"선생님 만난 후, 초조하고 불안했던 마음이 서서히 풀리는 것 같아요. 요즘 남편과 대화할 때 서로 이해하며 들어주고 있어요. 무겁던 제 마음을 내려놓으니 한결 편해졌어요. 선생님 덕분이에요. 감사합니다."

그녀에게 작은 변화가 시작되었다. 이것도 '기적'이 아닐까. 상처를 이겨내고 새로운 날을 만들어나가는 그녀가 참으로 아름다웠다.

1897년 미국. 여덟 살 소녀 버지니아 오핸런은 아버지에게 물어본다.

"아빠! 친구들이 산타클로스는 없다고 해요. 진짜인가요?"

잠시 당황한 버지니아의 아버지는 고민하다 묘안을 떠올린다.

"버지니아, 신문사에 물어보자!"

어린 버지니아의 편지는 뉴욕 일간지 『선』에 도착

한다. 어린아이의 편지를 받은 '선'의 편집자와 기자들은 아이의 순수함을 지키기 위해 신중하게 답변을 고민한다. 결국, 베테랑 기자인 프랜시스 처치에게 편지를 전달하고, 사설 집필을 맡기게 된다.

그는 "버지니아야, 산타클로스는 정말 있단다. 이 세상에서 사랑과 믿음과 착한 마음이 존재하는 것처럼 산타클로스는 분명히 있단다"라고 답한다.

그 후 이 사설은 1949년 『선』지가 폐간될 때까지 매년 크리스마스에 실렸다.

어린아이의 순수한 질문에 최선을 다해 답했던 편집장과 기자처럼 우리도 어린아이에게 많은 관심과 사랑을 주어야 한다. 우리 마음에 순수한 사랑이 깃들었으면 좋겠다.

마음 새기기

_____야, 산타클로스는 있단다.
사랑과 믿음과 착한 마음이 존재하는 것처럼
산타클로스는 분명히 있단다

어린시절의 아픔이 있다면?

_____

_____

_____

_____

_____

제 21 화

대화가
되지 않을 때

소통疏通하려면

어떤 사람들은 말로 마음을 주고받습니다
어떤 사람들은 몸짓으로 마음을 주고받습니다
또 어떤 사람들은 침묵으로 마음을 주고받습니다
그러나 세상에는
아직도 마음을 주고받을 줄을 모르는 사람들이
너무나 많습니다

― 예반 「누군가에게 무엇이 되어」 중에서

강연할 때 손을 자주 움직이다 보니 신경이 많이 쓰인다. 손톱을 정리하기 위해 매주 한 번 네일숍에 간다. 열심히 일한 나에게 베푸는 작은 선물이다.

열흘 동안 지방 강연을 마치고 쉼표 찍는 날. 상쾌한 마음으로 네일숍에 갔다. 젊은 원장에게 손을 내어주고 도란도란 이야기 나누는 것은 빼놓을 수 없는 즐거움이다.

세심하게 손톱을 갈아내고 다듬었다. 마무리로 정성스레 마사지하는 도중 물었다.

"어떨 때 힘들어요?"

30대 초반의 원장은 고개를 흔들며, 약간 흥분된 목소리로 말했다.

"손님 때문에 힘들 때가 있죠. 오실 때마다 일방적으로 뭐라, 뭐라, 잔소리해요. 제가 독신주의자라고 했더니 '결혼 안 하면 안 된다.' '노산이면 힘들어진다.' '부모님도 생각해라.' '요즘 젊은 애들 큰일이다.' 말 첫머리에 꼭 '딸 같아서 하는 말인데….'로 시작해서 끊임없이 듣기 싫은 말을 하시는 거예요. 이런 말은 딸에게도 하지 않는 것이 좋다고 생각해요.

며칠 전에도 근처 교회에서 몇 분이 오셨어요. 큰 소리로 기도하고 가시는데요. 좋은 뜻으로 하시는 건 알아요. 근데 여기는 영업장이잖아요? 다른 손님이 불편해할 수도 있어요. 원치 않는다고 말씀드려도 막무가내로 불시에 오세요. 정말 너무 속상해요. 제가 단호하게 말씀드리기도 어렵고요."

그녀는 마치 봇물 터지듯 자신의 경험을 쏟아냈다. 그 속에는 타인을 배려하지 않고 자기 생각을 강요하는 사람들에 대한 불만이 대부분이었다.

한때 인터넷 유머 게시판을 휩쓸었던 '나이 듦'의 육하원칙이 생각났다.

내가 누군지 알아?(who)
뭘 안다고?(what)
어딜 감히(where)

내가 왕년에는(when)

어떻게 감히(how)

내가 그걸 왜?(why)

사회가 빠르게 변화하는 것을 모른 채, 자신의 오래된 사고방식이 옳다고 여기는 사람이 있다. 의식이 시대의 변화를 따라가지 못할 수는 있지만, 고루한 생각을 고집스럽게 주장하면 소통에 문제가 생긴다. 그렇다면 어떻게 존경받는 어른이 될 수 있을까?

자신의 주장만 내세우면 주변 사람들과 마찰을 자주 일으킨다. 자신이 생각하는 보편적 가치가 인정되지 않기에 타인을 비난한다. 하지만 진짜 적은 타인이 아니라 자신 안에 있다. 무시당하는 어른이 되지 않으려면 깨어 있어야 한다.

나이가 들수록 성찰과 열림이 필요하다. 성찰은 혼자 하는 일이지만 열림은 사람들의 말을 들어야만 가능하다. 사람을 대할 때 열린 마음을 갖는 것이 중요하며, 무언가 가르치려고 하지 않아야 한다.

① 내가 틀렸을지도 모른다.
② 내가 바꿀 수 있는 사람은 없다.
③ 그때는 맞고 지금은 틀리다.
④ 말하지 말고 듣고, 답하지 말고 물어라.
⑤ 존경은 권리가 아니라 성취다.

tvN 프로그램 「어쩌다 어른」에서 소개한 「꼰대방지 5계명」이다.

자신의 언행과 이루어 놓은 업적이 존경을 부른다. 부부, 자녀, 친구, 직장동료 등 모든 인간관계에서 사람은 각자 다르다는 사실을 인정해야 한다. 자신이 아무리 옳다고 하더라도 역지사지의 여유로움이 필요하다.

앤디 워홀은 "시간이 지나면 자연히 변한다고들

하지만 자기 스스로 바꾸지 않으면 아무것도 변하지 않는다."고 말했다.

문제가 있다는 것을 스스로 인식하고 있다면, 그리고 그것을 바꿀 용기가 있다면 분명하게 말할 수 있다. 우리는 성숙한 어른이 될 수 있다고.

마음 새기기

문제가 있다는 것을 스스로 인식하고 있다면,
그리고 그것을 바꿀 용기가 있다면
우리는 성숙한 어른이 될 수 있다

가장 듣기 싫은 말은?

_____
_____
_____
_____
_____

제 22 화

세상이 갈수록
삭막해지는 것 같을 때

나눔의 삶

수녀님의 삶을 전해 듣고, 가슴이 먹먹합니다.
'오로지 섬기는 자는 위를 보지 않는다.'는 말은
수녀님의 삶에 바치고 싶은 헌사입니다.

- 김정숙 여사가 강칼라 수녀에게 보내는 감사 편지 중에서

'푸른 눈의 천사' '생강 발 수녀님' '한센인의 어머니', 모두 강칼라 수녀를 부르는 이름이다.

강칼라 수녀는 1943년 이탈리아의 작은 마을 쿠네오에서 태어나 1962년 작은 자매 관상선교회에 들어갔다. 1968년 한국에 파견된 후 50년 넘게 고창 호암

마을 동혜원 공소에 머물며 한센인을 치료하고, 거동이 불편한 마을 노인들의 힘이 되어 그들을 사랑으로 보살폈다.

1995년에는 한센인 자녀들을 위해 덕천초등학교 분교를 만들었다. 최근에는 마을사업인 '도자기'를 내세워 '마을 사람과 함께 빚는 도자기' 등의 체험프로그램을 준비하고 있다. 강칼라 수녀 덕에 마을 공동체에 생기가 넘치고, 호암마을 도자기의 인기도 높아지고 있다.

푸른 눈의 이탈리아 수녀님은 호암마을 사람들과 함께 생의 전부를 나누고 있었다. 호암마을은 치유와 회복의 공간이 되었다. 강칼라 수녀는 이런 공로를 인정받아 2016년 국민훈장 모란장, 2018년 호암상 사회봉사상을 받았다.

인터넷 신문을 읽다가 보게 된 수녀님에 관한 내용이다. 나눔의 삶 50주년 기념행사 당시 문재인 대통령의 부인, 김정숙 여사가 강칼라 수녀에게 쓴 긴 편지가 있었다. 마침 어느 블로그에서 행사 영상을 보았다. 수녀님의 소감을 한 글자 한 글자 정성스레 힘주어 적으며 마음에 새겼다.

"마음 문 닫으면 다른 문 없어요. 안보이고. 근데 열려있으면 딱 보면 무엇이 필요한지 알게 되지요. 감사합니다, 사랑합니다, 말 안 해도 보면 통해요. 그 후로는 행동하면 돼요. 특별한 게 아니에요. 특별히 우리가 해야 하는 게 없어요."

하루에도 수없이 SNS를 통해 거칠고, 정제되지 않은 말들이 난무한다. 사람마다 생각이 다르고 살아온 과정이 다르니 가치관이나 이념이 다를 수 있다. 나와 의견이 다르다고 해서 모진 말로 매도하는 것은 높아가는 하늘 아래에서 부끄러운 일이다.

'춘화현상'이라는 말이 있다. 저온의 혹독한 겨울을 지나야만 봄에 꽃이 핀다는 뜻이다. 튤립, 히아신스, 라일락, 백합, 개나리, 진달래는 겨울을 견뎌낸 꽃들이다. 이토록 힘든 시기를 잘 지내고 나면, 우리의 메마른 사회에도 봄꽃이 화사하게 피어나지 않을까.

 아파트 복도에서 청소하는 소리가 들렸다. 나는 얼른 작은 비닐봉지에 한과 몇 개와 배 한 개, 그리고 알로에 주스를 담았다. 늘 복사꽃 같은 웃음을 머금고 열심히 청소하는 아주머니는 "하이고오, 잘 먹을게요. 진짜 복 많이 받을 거여어."라고 했다. 아주머니의 이마에 맺힌 땀방울이 또르륵 흘러내렸다. 그 웃음과 땀방울은 어쩌면 수녀님의 모습과 그리고 선한 방향으로 나아가는 이름 모를 많은 사람과 닮지 않았을까. 내 마음이 가을바람에 한들거리는 코스모스처럼 가벼워졌다.

마음 새기기

감사합니다, 사랑합니다,
말 안 해도 보면 통해요.
그 후로는 행동하면 돼요.
특별한 게 아니에요.
특별히 우리가 해야 하는 게 없어요.

나는 어떤 이웃일까?

제 23 화

세상이 나에게
차가울 때

사랑은 선율을 타고

아아 영원히 변치 않을 우리들의 사랑으로
어두운 곳에 손을 내밀어 밝혀 주리라

- 해바라기 「사랑으로」 중에서

1980년대 남성 포크 듀엣을 대표하던 '해바라기'는 서정적인 노랫말, 감미로운 멜로디로 대중의 인기를 얻었다.

'내 마음의 보석상자', '모두가 사랑이에요', '사랑의 눈동자', '행복을 주는 사람', '사랑의 시', '어서 말을 해' 등 해바라기의 주옥같은 곡들은 지금도 많은 이들의 삶 속에 숨 쉬고 있다.

그중 '사랑으로'라는 노래를 가장 좋아한다. '우리 타는 가슴 가슴마다 햇살은 다시 떠오르네'라는 구절이 좋다. 희망의 메시지를 담은 이 노래는 초등학교 교과서에도 실렸다.

1970년에 데뷔한 이주호 씨는 멤버 교체를 겪으며 무려 45년 동안 노래 인생길을 걸었다. 노래를 사랑하고, 기타를 사랑하고, 사람들을 사랑하는 64세 청년이다.

어느 날, 이주호 씨는 신문에서 기사 하나를 읽게 된다. 가정형편이 어려운 환경미화원 가족의 이야기였다.

"새벽에 부모가 일하러 간 사이, 집에 있던 4명의 딸이 어려운 형편을 비관하며 농약을 먹고 자살 기도를 한다. 그런데 3살짜리 막내만 세상을 떠나게 되었다."

이 슬픈 사연에 뜨거운 눈물을 흘리며 노래를 만들었다고 한다. 힘든 사람을 도와주고 싶은 힘겹게 살아가는 사람들이 휴식하고, 위로받고, 웃을 수 있으면 좋겠다는 마음으로 녹음했다고 말했다.

그의 말에서 꽃향기가 난다.
해바라기 씨처럼 내 마음에 콕콕 박힌다.

마음 새기기

아마 영원히 변치 않을
우리들의 사랑으로
어두운 곳에 손을 내밀어
밝혀 주리라

내가 남을 위해 할 수 있는 것은?

_____
_____
_____
_____
_____

제 24 화

내 이야기가
나를 울릴 때

하늘에 보내는 편지

아버지 의자에 앉아 있습니다.
아버지는 저에게 의자를 내어주시고
병원 침대에 잠들어 계십니다.
바람 냄새, 나무 냄새, 연기 냄새,
그리고 세월 냄새가 납니다.

10살 무렵
집 뒤 켠 변소 문 꽁꽁 걸어놓고
목 놓아 울고 있을 때
젊은 아버지 목소리가 들려왔습니다.
"미향아, 니 괜찮나? 이제 그만 울그래이."

아! 지금도 환하게 울리는 마음속 풍경소리
어린 상처 보듬어 주시던 그 음성 생생한데
그때 나의 아버지는 어디로 가고,
초췌한 노인이 이렇게 누워 있나요?
혼돈된 기억의 저편에서 무슨 꿈을 꾸고 있나요?
추억은 나란한데 그리움만 이 의자에 아득합니다.

제 나이 어느덧 지천명
이 의자는 서럽게 삭아 내리겠지만
당신은 영원한 나의 안락의자입니다.

아버지
그때는 소리 내어 울었지만
지금은 숨죽여 울고 있답니다.

그 다정한 속삭임 다시 한번 듣고 싶습니다.
"미향아, 니 괜찮나? 이제 그만 울그래이."

- 이미향「아버지의 의자」

아빠! 나 셋째 딸 미향이야.

내 나이 어느덧 중년이 훨씬 넘었지만 '아버지'라는 단어는 아직도 너무 어색해.

그냥 늘 부르던 대로 '아빠'라고 할게. 이게 훨씬 다정하게 느껴져. 아빠도 그렇지?

이런 말을 들은 적이 있어. '아빠를 아버지로 부를 때 철이 드는 것이 아니라 아버지를 다시 아빠라고 부를 때 철이 드는 것이다.'

'아빠!' 참 오랜만에 불러 보네.

이곳에 언니 동생들 조카들 모두 모두 사이좋게 잘 있어. 시간이 흘러도 여전히 우리는 아빠를 그리워하고 있어.

아빠! 기쁜 소식 전할게.

글쎄, 오늘 한국 문인협회 보령지부에서 주최한

전국 자작시 낭송대회에서 은상을 탔지 뭐야. 시인도 아닌 내가 시를 창작하고 낭송도 했어.

아빠와 나의 추억을 고스란히 담았으니 아빠와 나의 합작품이지.

시상식에서 심사위원님이 나에게 시도 사람도 보이는 모든 것이 다 아름답다며 특급 칭찬을 해 주셨어. 지난 5월에 전국 시 낭송대회에서 대상 받았을 때 보다 더 기뻤어.

나 상 받으며 펑펑 울었거든. 기쁨의 눈물 반, 그리움 반. 아빠의 모습이 환하게 보였어.

어렸을 적부터 한 번도 회초리를 들거나 화를 내거나 소리를 지른 적이 없었지. 늘 자상하고 상냥하던 아빠.

생각나? 아빠?

초등학교 1학년 때 피아노 연습 안 한다고 엄마한테 크게 혼나고 화장실에서 혼자 꺽꺽 큰 소리로 울었어. 그 시절에 우리 집 화장실은 안채와 멀리 떨어져 있었잖아. 엄마가 화를 내면 나는 너무 무서워서 늘 화장실에 가서 소리 내어 울곤 했었어. 얼마나 서럽게 울었는지 목이 아플 지경이었어.

그런데 밖에서 아빠의 기척이 느껴졌어.
"미향아 니 괜찮나? 이제 그만 울그래이."
아빠의 목소리가 들렸어. 그 경상도 사투리는 다정하고 따뜻하고, 그리고 환했어. 나는 울음을 멈추고 마음을 추스를 수 있었지. 아빠가 건넨 그 말, 세상에서 가장 감미로운 사랑의 언어였어.

그렇게 늘 다정다감하게 우리 6남매를 보듬어 주셨던 아빠. 아빠의 선한 웃음, 유쾌한 농담, 구수하고 정겨운 노랫가락이 그립고, 그립고 또 그리워.

그런데도 제대로 아빠에 대한 내 마음을 표현하지 못했던 것 같아. 아빠를 사랑한다고, 존경한다고, 감사하다고 말해야 했는데…. 이제는 말할 수 있고, 말하고 싶은데 아빠는 어디에 있나?

아빠는 늘 나에게 안락한 의자였는데.

아빠가 혈관성 치매를 앓으며 낡고 삐걱거리는 의자로 삭아 내리던 기억, 소리 내어 울던 그 화장실. 아빠, 지금은 가슴으로 숨죽여 울고 있어.

아빠! 한 번만 "미향아 니 괜찮나?" 라고 말해 주면 안 되나? 그 목소리 너무 듣고 싶어. 요즘은 왜 꿈에도 안 나타나? 가끔은 꿈에라도 나타나서 나 좀 다독거려줘.

아빠, 하늘만큼 땅 만큼 사랑해.

- 셋째 딸 미향이가 -

마음 새기기

아빠를 아버지로 부를 때
철이 드는 것이 아니라
아버지를 다시 아빠라고 부를 때
철이 드는 것이다.

나를 울리는 내 이야기는?

제 25 화

나를 사랑하고 싶을 때

내가 좋은 이유

아름답다고 말하는 동안은
나도 잠시 아름다운 사람이 되어
마음 한 자락이 환해지고

- 이해인 『나를 키우는 말』 중에서

나는 '이미향'이라는 이름이 참 마음에 든다.

중학생 시절 음악 선생님이 내 이름을 다정하게 불러 주시곤 하였는데, 그때부터 나는 내 이름을 좋아하기 시작했다.

곰곰이 생각해보면 '향'자로 끝나는 이름이 잘 없

다. 아름다울 '미美'에 향기 '향香', 글자의 음도 예쁘다.

뜻도 얼마나 좋은가! 누군가가 내 이름을 부드럽게 불러주면 그 소리가 바람을 살살 일으켜서 향기를 솔솔 풍길 것만 같다.

내 카카오톡의 '상태 메시지'는 3년째 '인향만리人香萬里'다. 이름처럼 향기가 만 리까지 가는 아름다운 강사가 되고 싶은 마음에서이다.

김춘수의 시, 「꽃」에서 "나의 이 빛깔과 향기에 알맞은 누가 나의 이름을 불러다오" 라는 대목을 낭송하노라면 눈물이 '핑' 돈다. 나 역시 내 이름을 불러줄 사람을 애타게 찾기 때문일까?

주먹만큼 작지도 않고 동글동글하니 귀엽게 생긴 내 얼굴도 참 마음에 든다. 그리고 나는 누구보다도 밝고 환한 미소를 가지고 있다.

강의를 시작할 때면 생글생글 웃으면서 내 이름을

삼행시로 소개한다.

"이 세상에서, 미소가 아름답고 향기 나는 이야기를 전하는 이야기꾼 이미향입니다."

아침마다 하는 나만의 운동이 있는데, 바로 '미소 운동'이다. 먼저 거울 속의 나를 바라보며 '씩' 웃는다. 그리고 나서 양쪽 입꼬리를 힘껏 올리면서 "개구리 뒷다리!"를 외친다. 이런 식으로 15회 연습한다.

고양시 복지관에서 어르신을 대상으로 강의한 적이 있다. 그때 김순자라는 분이 손으로 쓴 편지를 내게 보내주셨다.

"선생님이 가르쳐 주신 공부! 연습하면서 답답할 때도 재밌을 때도 많이 생각날 겁니다. 그 사랑스럽고 귀여운 모습으로 내 눈앞에서 걱정 말라고 웃어 줄 겁니다. 선생님의 미소는 저에게 위로가 될 겁니다."

얼마 전에는 서울신학대학에서 아동문학 강의를

수강했던 임진아 학생한테서 편지를 받았다.

"교수님과 한 학기 동안 함께하면서 한 번도 미소를 잃지 않으시고 격려와 칭찬을 아낌없이 해 주시는 모습에 날마다 놀랐답니다. 아름다운 미소로 항상 기분 좋게 해 주셔서 감사합니다."

나의 미소가 누군가에게 위로가 되고, 기분을 좋게 해 준다는 것은 얼마나 멋진 일인가!
이 글을 쓰면서도 큰 바다 같은 얼굴에 배시시 작은 '미소의 배'를 띄우고 있다.

감정 표현을 잘하는 내가 좋다. 말이든 표정이든 손짓이든 누가 봐도 금세 알아볼 정도로 다소 과장된 표현을 즐긴다. 때때로 기분 나쁜 감정이 얼굴에 고스란히 드러나 곤란할 때도 있지만 좋은 감정을 표현할 때는 주위 사람들을 덩달아 기분 좋게 만든다.

남편의 생일, 가족과 함께 아귀찜으로 유명한 식당에 갔다. 매콤한 아귀를 먹으며 감탄사를 연발했다.

"아, 맛있다! 정말 끝내 준다! 아귀가 냉동이 아니라 싱싱해서 입에 짝짝 달라붙는 것 같아. 와, 진짜 쫄깃쫄깃하다!"

"엄마랑 음식을 먹으면 맛없는 것도 맛있게 느껴져. 근데 엄마가 좀 오버하는 건 있지. 하하하!" 하며 딸아이가 웃는다.

좋은 감정이 같이 먹는 사람들에게 전염되어 더 맛있게 먹게 된다면 그것을 보는 음식점 주인도 기분이 좋지 않을까.

나 역시 내가 만든 음식을 가족들이 "맛있다!"고 말해주면 음식 만들 때의 수고 따위는 금세 잊어버리고, 더 맛있게 만들려고 노력한다.

이처럼 좋은 감정을 자주 표현하면 그만큼 '행복 에너지'를 끌어올리게 된다는 것을 믿는다.

라틴어로 '카르페 디엠!^{현재를 즐겨라}' 라는 말이 있듯이, 노년이 되어서도 오감을 활짝 열어젖혀서 순간을 음미할 줄 알고, 표현함으로써 즐길 줄 아는 사람이 되고 싶다.

오늘도 나는 큰소리도 외친다.

나는 내가 정말 좋다!

마음 새기기

오늘도 나는 큰소리로 외친다.
나는 내가 정말 좋다!

사랑스런 나에게 하고픈 말은?

_____
_____
_____
_____
_____

에필로그
이 책을 읽은 그대에게

세상은 수많은 관계망으로 연결되어 있다.

나 역시 지난 50여 년 동안 가족, 선생님, 친구들 그리고 이름도 얼굴도 모르는 사람들의 관계망 속에서 많은 것을 배웠다.

'강아지 똥'처럼 미미했던 내 존재를 인정해 준 모든 인연에 감사한다.

'스치면 인연, 물들면 사랑'이라는 말이 있다. 짧은 인연으로 스쳐 간 분들의 이야기, 여전히 나를 여러 색으로 물들이는 분들과 만나지 않았다면 이 책이 세상에 맑은 얼굴을 드러내지 못했을 것이다.

'커피 사왔어' 책상 위에 커피를 내려놓으며, 따스

한 기운을 넣어준 가족.

'무조건 원고 보내주세요.' 기꺼이 책을 출간하자고 손 내밀어 주신 김용만 대표님, '글을 읽고 감동이 되어 좋은 책을 만들고 싶은 마음이 생겼어요.' 라며 특급칭찬을 해주신 김선희 편집자님.

'도움이 될 것 같아 보냅니다.' 수시로 좋은 시를 보내주고 책을 추천해 준 제자들, '저의 이야기가 실리면 영광이지요.' 기꺼이 아픈 사연을 글로 엮는 것에 동의해주신 이 책의 주인공들.

'작가님 책 언제 나와요?' 힘차게 응원해주신 독자들, 내 강의를 들으며 함께 울고 웃으며 마음을 나눈 청중들…. 그리고 얼굴도 이름도 모르지만 나도 모르는 사이에 선한 영향을 준, 수 많은 사람들.

결국, 이 책은 여러분과 합작품이다.

인디언 부족의 주문이 있다.
네 발을 꽃가루처럼 내려놓아라
네 손을 꽃가루처럼 내려놓아라

네 머리를 꽃가루처럼 내려놓아라
그럼 네 발은 꽃가루, 네 손은 꽃가루,
네 몸은 꽃가루,
네 마음은 꽃가루, 네 음성도 꽃가루,
길이 참 아름답기도 하고,
잠잠하여라.

이 책을 읽은 그대여! 하얀 꽃가루가 사르르 떨어지듯 자잘한 분노와 상처들, 어지러운 상념들을 가볍게 내려놓으시기를…. 그러면, 그대로 인해 세상에 아름다운 꽃길이 잠잠히 열리지 않을까.

그리고 당신 삶의 이야기가
꼭, 반드시, 부디
happy ending이기를….

지친 마음을 위로하는 25가지 이야기

01 내가 필요 없는 사람처럼 느껴질 때 · 동화 『강아지똥』 권정생

02 누군가의 말에 상처 받을 때 · 노래 「말의 힘」 김경욱, 이혜미, 박우진

03 모든 것이 무미건조 할 때 · 시집 『시가 너처럼 좋아졌어』 신현림

04 삶의 의미와 가치를 찾고 있을 때
　　에세이 『숨결이 바람 될 때』 폴 칼라니티

05 위로받고 싶을 때 · 영화 「보헤미안 랩소디」 브라이언 싱어

06 꿈이 사라졌을 때 · 자기계발서 『가슴 뛰는 삶』 강헌구

07 나이 들어 보일 때
　　다큐 「생로병사의 비밀 '시간을 거스른 사람들, 슈퍼에이저'」

08 롤모델을 찾고 있을 때 · 노래 「10월의 어느 멋진 날에」 김동규

09 의미없이 바쁘다는 생각이 들 때
　　자기계발서 『생각대로 살지 않으면 사는 대로 생각하게 된다』 은지성

10 나를 위한 휴식이 필요할 때 · 노래 『행복의 주문』 커피소년

11 조급한 마음이 들 때 · 교양서 『조선 지식인의 글쓰기 노트』 한정주

12 기분 좋아지고 싶을 때
　　자기계발서 『성공을 부르는 지혜』 벤저민 프랭클린

13 인생의 즐거움을 잃었을 때 · 에세이 『백년을 살아보니』 김형석

14 행복을 잊었을 때 · 노래 「소풍같은 인생」 추가열, 서창원

15 부정적인 생각만 계속 들 때
자기계발서 『다시 일어서는 힘』 존 맥스웰

16 따뜻함이 필요할 때 · 에세이 『내 눈에는 희망만 보였다』 강영우

17 사랑이 그리울 때 · 영화 「하모니」 강대규

18 마음이 답답할 때 · 노래 「우리는 하나」 정훈희, 김태화

19 사는 것이 어렵다고 느껴질 때
편지 "Dear. Max" 마크 주커버그, 프리실라 챈

20 어린 시절의 상처가 남아있을 때 · 노래 「아름다운 사람」 김민기

21 대화가 되지 않을 때 · 시집 『누군가에게 무엇이 되어』 예반

22 세상이 갈수록 삭막해지는 것 같을 때
김정숙 여사의 '사랑나눔의 삶 50주년' 감사편지

23 세상이 나에게 차가울 때 · 노래 「사랑으로」 해바라기, 이주호

24 내 이야기가 나를 울릴 때 · 시 「아버지의 의자」 이미향

25 나를 사랑하고 싶을 때 · 시집 『나를 키우는 말』 이해인

이야기처방전

초판 1쇄 발행 2020년 07월 01일

지은이 이미향
펴낸곳 품건축(주)
임프린트 도서출판 품
기획 김용만
편집 & 디자인 김선희

출판등록 2016년 12월 26일 제25100-2016-000077호
주소 서울특별시 동작구 동작대로1길 19, 2층
전화 02-3474-3582
팩스 02-3474-3580
도서출판 품 전자우편 poommaul@naver.com

ISBN 979-11-959941-8-2

* 이 책의 판권은 지은이와 도서출판 품에 있습니다.
* 책값은 뒤표지에 있습니다.
* 잘못된 책은 구입하신 서점에서 교환해 드립니다.
* 도서출판 품은 품건축(주)의 임프린트 브랜드입니다.

이 도서의 국립중앙도서관출판예정도서목록(CIP)은 서지정보유통지원시스템 홈페이지
(http://seoji.go.kr)와 국가자료공동목록시스템(http://www.nll.go.kr/kolisnet)에서
이용하실 수 있습니다.